KB216583

그대 향한 길

그대 향한 길

세대가 함께하는
불자 생활 의례 발원문

불교여성개발원 엮음
권영순 그림

민족사

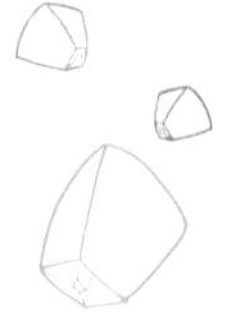

자비와 지혜의 사회적 실천을 위하여

자비와 지혜의 사회적 실천을 목표로 봉사하는 불교여성개발원은 우리나라가 빠른 고령화 사회로 진입하면서 일어나는 계층 간, 성별 간의 적대감을 해소할 방안을 강구해 왔습니다. 때마침 개발원 산하 싱크 탱크 역할을 하는 불교여성연구소에서 발원문 책자를 기획한다는 기쁜 소식을 접했습니다.

이 책은 인간의 생, 노, 병, 사에 맞추어 치러야 하는 의식을 크게 출생 의례, 생일 의례, 문병 의례, 임종 의례, 그리고 제례 등으로 구분해 순서대로 발원문을 싣고 이에 적합한 선시(禪詩)와 경전 구절도 수록하고 있습니다.

이 책의 특별한 점은 다양한 연령대의 불자들이 직접 작성한 것으로 가정이나 일터에서 기도하면서 활용할 수 있도록 한 점입니다. 이에 더해 자기가 느끼는 부처님을 진솔하게 표현하고 있어 더욱 친근하게 다가오는 장점이 있습니다.

일상에서 바로 실천할 수 있는 발원문 모음집 발간을 위해 여러 해 동안 애써주신 불교여성연구소의 보현행에 감사드리며 불국정토를 이루기 위한 정진에 큰 박수를 보냅니다.

발원문은 불자로서 자신의 삶을 어떻게 살아야겠다는 다짐이자 불보살님과의 약속입니다. 이 약속을 지키기 위해 열심히 정진하면 불교적 가치관을 바르게 정립하는 데 긍정적 영향을 미칠 수 있습니다. 우리는 삼세의 모든 부처님과 역대 조사들도 모두 발원을 통해 원력을 성취해 오셨음을 잘 알고 있습니다. 발원은 신행과 수행, 기도의 시작이기 때문입니다.

그러나 근래에는 불자들 사이에 발원하는 문화가 옅어지고 발원하는 법을 교육하거나 전수하는 곳이 드물어진 것 같습니다. 하지만 지난여름 불교여성연구소가 주최한 발원문 교실의 열기는 뜨거웠고 특히 할머니를 따라 참여한 초등학교 어린이들이 자신만의 발원문을 완성하느라 공을 들이는 아름다운 모습도 볼 수 있었습니다.

'발원은 어떻게 해야 할까?' 어렵게 여기기보다 부처님과의 대화라고 생각한다면 쉽게 다가갈 수 있습니다. 삶 속에서 의욕과 방향을 잃고 힘든 시간을 보내고 있다면 발원을 통해 길을 찾을 것을 권하고 싶습니다. 저도 어려울 때마다 초심 발원을 떠올리며 마음을 다잡았던 경험이 있습니다. 부디 많은 불자들이 발원을 생활화하여 한국불교가 발전하고 향상되는 계기를 만들어 갈 수 있길 발원해 봅니다.

꾸밈없는 발원문을 기탄없이 내보여 준 여러 불교여성발원문 회원과 가족분, 발원문 작성을 위해 공들여 강의를 해준 원유자 편집위원, 그리고 미래 영 108인의 주역인 어린이를 지도해 준 조명숙 편집위원께 감사드립니다. 특히 미묘한 한지 그림으로 각 챕터를 더욱 감동이 느껴지는 발원문으로 거듭나게 장엄해 준 권영순 선생께 합장 인사 올립니다.

끝으로 이 책의 발간을 위해 노심초사 애써온 불교여성연구소 김진 소장과 계미향 연구위원, 김혜령 연구위원, 오기남 연구위원, 그리고 이수연 팀장에게 고마운 마음 전합니다. 또 물심양면으로 이 책 발간을 위해 애써준 민족사 윤창화 대표와 임직원에게도 감사드립니다.

2024년 10월 10일

불교여성개발원장 이기향 두손 모음

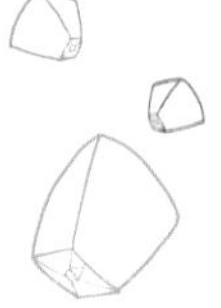

• 머리말 2

아련한 청춘, 지금도 불교여성개발원을 생각하며 쓰는 발원문

우리가 언제 어디에서나 무슨 일을 하는지를 다 알고 계시는 부처님! 부처님을 만나 늘 청춘입니다. 행복합니다.

불교여성개발원 창립 준비 때, 저 만후는 불교에 대하여 너무 무지했습니다. 불교 공부를 해 본 일도 없었고, 불자로서 어떻게 살아야 하는지에 대해서도 막연했지요.

'교수불자연합회'에서 여성 불자 단체를 만든다 하여 참석한 것이 불교여성개발원과의 첫 인연이 되었고, 나아가 초대 회장까지 맡으며 부처님의 가피로 지금까지 이르렀습니다.

우리나라 최초로 여성 불자들이 여성 불자 단체를 만들기 위하여 애쓰는 모습을 보니, 처음에는 하다못해 회의에 참석하는 정도라도 보탬이 되어야겠다는 생각이 들었습니다.

그러다 보니 처음부터 한 발을 뺀 채 회의에 나가게 되었는데, 회의가 진행되어 갈수록 참석자는 줄어들고 무슨 일을 하는 단체인지도 모를 정도로 진행은 더뎠습니다. 포교원에서는 단체의 명칭은 어떻게 할 것인지, 목표는 무엇인지 알려달라고 몇 번이나 독촉하였습니다.

우리는 여성 불자들에게 설문지를 돌려 모임의 취지를 알리고, 점차 조직을 정비해 갔습니다. 그 과정에서 저 만후는 초대회장이라는 엄중한 소임을 맡았습니다. 단체명을 '불교여성개발원'이라 명명하고 2000년 11월에 드디어 창립 법회를 개최했습니다.

초대회장 만후는 아무것도 모르면서 중책을 맡다 보니, 우리 여성 불자들이 어디서 일하는지, 정보는 어디에서 얻을 수 있는지, 누구와 의논해야 할지 등 어느 것 하나 쉽게 되는 일이 없었습니다.

그러면서 개발원에서는 김천구치소의 여성 불자들을 교화하는 일을 제일 첫 사업으로 정하고 한 달에 한 번씩 방문하기로 했습니다. 회원들은 서로 머리를 맞대어 프로그램을 만들고, 열심히 봉사했습니다. 그 일이 계기가 되어 서울구치소 봉사 등 불우한 여건 속의 이웃들을 위한 다양한 수행, 봉사, 교육사업을 오늘날까지 이어오고 있습니다.

행정 경험이 일천했던 저의 능력 부족으로 시행착오도 여러 번 겪었고, 그 과정에서 중책을 벗어던지고 멀리 도망

가고 싶었던 적도 여러 번 있었음을 고백합니다.

우리는 더 많은 여성 불자들의 참여를 이끌어 내기 위해 대한불교 조계종 포교원장을 이사장으로 하여 '여성불자 108인'을 선정하기로 했습니다. 지금도 2년에 한 번씩 선발하고 있고, 올해로 11번째 선정자들이 탄생하면서 이 제도는 불교여성개발원의 인재 발굴 시스템으로 정착되었습니다.

그동안 누적된 '여성불자 108인'은 현재 1,100여 명이 넘었습니다. 일반적인 여성 활동은 '(사)지혜로운여성'에서 담당하고 여성 불자들이 해야 하는 일은 불교여성개발원의 회원들이 모두 참여해 왔습니다.

당연히 '여성불자 108인' 회원 중에서 역대 원장님들이 선정되었습니다. 모든 원장님들이 사명감을 가지고 앞장서고, 회원 모두의 정성으로 마침내 불교여성개발원 회관도 마련할 수 있게 되었습니다.

돌이켜보니 부처님과의 만남은 부모님 만나기 이전의 인연과 인연이 모인 결정체요, 제 청춘의 아련한 금자탑입니다. 제 일생에서 불교여성개발원을 통해 얻은 만복에 감읍드립니다. 어리석은 저를 탐진치(貪瞋癡)의 삼독에서 벗어나게 하여 평안함을 주셨습니다.

모든 회원들이 기꺼이 임원을 맡아 불교여성개발원을 업그레이드하게 하소서! 세세생생 불음이 불교여성개발원을 통해 환희용약하게 하소서. 이 문턱을 들어선 모든 회원이 참회의 통곡을 지나 업장이 소멸되고, 만복을 이루게 하소서.

새 터전 인왕산 북악산 자하문로를 통해 만방에서 부처님 복을 만나게 해주소서. 제2의 도약을 위하여, 명실공히 불교여성개발원이 온 세계 법음의 수레가 되도록 하소서.

일체유위법(一切有爲法) 여몽환포영(如夢幻泡影) 여로역여전(如露亦如電) 응작여시관(應作如是觀) 응무소주이생기심(應無所住而生其心) / 법성원융무이상(法性圓融無二相) / 무주상보시(無住相布施) 파사현정(破邪顯正) 읊조리게 하고, 불성(佛性)의 회복에 진념토록 하소서. 그리하여 모두가 불국토가 되게 하소서.

부처님 전에 만후는 어린아이이고, 아련하고 미숙한 청춘입니다.

2024년 10월 10일

이인자(만후, 불교여성개발원 초대원장) 두손 모음

차례

찾아와 주어서 고마워

• 출생 의례 발원문 •

나 홀로 존귀하네

• 생일 의례 발원문 •

소원을 들어 주세요

• 어린이·청소년 발원문 •

날마다 좋은 날

• 일상 생활 발원문 •

부처님 되소서

• 불자 생활 발원문 •

어서 나으소서

• 문병 의례 발원문 •

빛으로 돌아오소서

• 임종 의례 발원문 •

부처님 온 누리에

• 재례 발원문 •

흰 연꽃 피는 날

• 제사 의례 발원문 •

우리 모두 한 마음으로

• 불교여성개발원 발원문 •

· 출생 의례 발원문 ·

찾아와 주어서 고마워

그대 있으니 나 또한 있고,
그대 없으면 나도 또한 없다네.
유와 무를 모두 세우지 않으니
서로 만나 침묵하여라.

爾有我亦有 이유아역유
君無我亦無 군무아역무
有無俱不立 유무구불립
相對觜盧都 상대자로도

○ 『금강경』 제13 여법수지분(如法受持分) 야보송

손자 탄생을 축하하며…

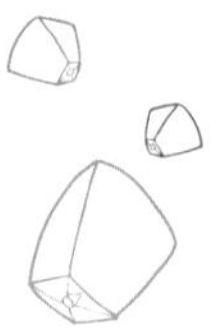

강영자
대명행, 6차 108인

대자대비하신 부처님!
저희 가정에 이토록 귀하고 소중한 생명을 주셔서
감사드립니다.

이 세상 수많은 가족 가운데 우리에게 올 수 있었음에
감사드립니다.

아직은 너무 조그마해서
입김만 불어 넣어도 날아갈 듯하지만,
나날이 건강하게 잘 자라주고 있음에
감사합니다.

앞으로 살아가다 보면 어려움도 있고
수많은 난관에 부딪히기도 하겠지만

씩씩하고 지혜롭게 잘 이겨나가게 도와주소서.

항상 주변을 살피고 어려운 자에게 손을 내밀어
베풀 줄 아는 자애로움도 주시고
무엇보다 부처님 법을 배우며
자라나게 도와주소서.

부처님이시여,
가끔은 말썽도 피우고 문제도 만들겠지만,
지금 모습 그대로를 사랑하여
잘 자라도록 보살피겠습니다.

손자의 엄마 아빠도 마찬가지겠지만,
지금 이대로 아무런 조건 없이 사랑하며
잘 자라도록 노력하겠습니다.
부처님의 가피력에 힘입어 열심히,
열심히 기도하며 노력하겠습니다.

안태 의례 발원문

오기남
고월, 10차 108인, 불교여성연구소 위원

지혜와 자비의 부처님께 발원하옵니다.

부처님의 가르침, 불이(不二) 연기(緣起)
세상 모든 것은 따로 있지 않으며
모두 인연으로 인하여 일어납니다.

저희 부부가 여러 생의 깊은 인연으로
○○이를 만나게 되는 소중한 생명의 작용이
시작됨을 부처님께 감사드리며,
○○이가 태중에서 편안하고 안전하며
부처님의 가피로 건강하게 자랄 것을 발원드립니다.

사람으로 태어나기 어렵고
부처님 법 만나기 더더욱 어려운데,

저희 부부와 ○○이는 부처님 법 안에서
선연으로 만난 도반이니
사랑과 자비로 부처님을 향한 길에
서로 의지처가 되어서 나아가겠습니다.

마야부인의 태중에 싯다르타 왕자가 계실 때
세상이 편안하여 모든 생명이 서로를 사랑하고
자비롭게 대하였듯이,
저희도 일심(一心)의 청정함으로
일신(一身)의 한 몸이 청정하여지고
또 여러 몸이 청정하여서
시방세계가 모두 청정해질 수 있는
마음과 행을 가지겠습니다.
부처님 가르침을 잘 배우고 지니어서
언제나 좋은 업을 지으며
악한 업은 짓지 않고 또 숙세의 악업이 녹아지도록
몸과 말과 마음으로 맑은 행을 닦겠습니다.

저희 부부와 ○○이는 어려움에 처하면
불보살님께 더욱 신심을 다하여

의지하여 기도하고 수행하며
만나는 모든 일마다 가피가 될 수 있도록 노력하여
○○이가 태중에 있는 시간이
부처님을 향하여 다가가는
편안하고 행복한 시간이 되게 하겠습니다.

저희 부부는, 생명을 일부러 해치지 않겠습니다.
모든 생명에게 자비로운 마음을 가지겠습니다.
질투와 미워하는 악한 마음을 가지지 않겠습니다.
모든 생명을 사랑하는 마음으로 바라보겠습니다.

옳지 못한 삿된 생각을 하지 않겠습니다.
항상 밝고 맑은 마음으로 생활하겠습니다.
나쁜 말, 속이는 말, 이간질하는 말,
악한 말을 하지 않겠습니다.
부드럽고 따뜻한 말로 모든 사람을 대하겠습니다.
욕심내는 마음, 화내는 마음,
어리석은 마음을 가지지 않고
부처님 가르침을 잘 배우고 지키겠습니다.

저희 부부와 ○○이의 소중한 인연을
활짝 열어 가기를 바라오니,
지혜와 자비의 부처님이시여,
저희 서원을 굽어살피시어
제 가족을 보호해 주시옵소서.

백일·돌 의례 발원문

오기남

고월, 10차 108인, 불교여성연구소 위원

지혜와 자비의 부처님!
불보살님의 한없는 가피로 태어난
○○이가 백일(첫돌)을 맞았습니다.

처음 만남부터 1년(백일) 동안 ○○이와 함께한 시간은
참으로 기쁘고 행복한 시간이었습니다.

○○이가 눈을 맞추고 웃음을 짓고 옹알이를 하고
처음 몸을 뒤집고 앉고 기어다니고 서고
발자국을 떼고 걷기까지 어려움도 힘든 일도 있었지만,
한 생명의 성장을 바라보는 것은
저희 부부를 어른으로 부모로
성장시킨 시간이었습니다.
지난 1년 아이를 기르면서 몸과 마음이 힘들 때

누군가를 이렇게 무조건적으로
사랑해 본 적이 있던가 돌아보며,
모든 것에 무한한 따뜻함을 주시는
부처님의 자비와 가피를 생각했습니다.
그리고 저희를 기르신
부모님의 은혜를 생각했습니다.

저희 부부는 부처님의 자비와 부모님의 은혜에
보답하는 사람으로 그 따뜻한 자비를
○○이와 주변과 세상에 나누는 사람이
되어야겠다고 생각하며,
우리 ○○이도 그런 마음을 세상과 나누는 사람이
되도록 기르겠습니다.

앞으로도 많은 기쁨과 어려움이 있겠지만
○○이를 정성스럽게 사랑으로 기르며
저희 가족이 불제자로 성장할 것을
부처님 전에 다짐합니다.

바라옵건대

우리 ○○이가 불보살님의 가피로
건강하고 지혜롭고 자비로우며 세상을 이익되게 하는
행복한 아이로 성장하게 하여 주시옵소서.

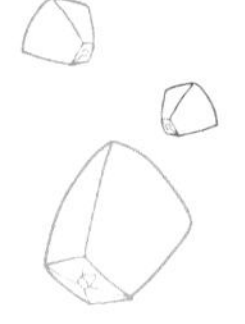

영유아 마정 의례 발원문

오기남

고월, 10차 108인, 불교여성연구소 위원

지혜와 자비의 부처님!

석가모니 부처님께서 태어나셨을 때
'천상천하유아독존(天上天下唯我獨尊)',
이 세상은 나의 세상이요,
나 홀로 존귀한 존재라고 하셨습니다.
저희 부부는 ○○이도
그런 존귀한 존재라는 말씀을 믿습니다.
그러한 또 한 분의 부처님으로 우리 ○○이를
소중하게 여기고 정성과 사랑으로 기르겠습니다.

○○이와 함께하는 시간이
편안하고 행복할 수 있도록 노력하겠습니다.
어려움을 만나 지칠 때는 불보살님께 의지하며

사랑과 자비의 마음으로
부처님께 나아가는 구도행이 되도록 하겠습니다.

저희 부부는 오늘 다시 부처님께 귀의하여
불법을 잘 배우고 지키겠습니다.
그리고 ○○이가 모든 생명에
자비로운 마음을 가지고 사랑으로 대하며,
밝고 맑은 마음을 가진
부드럽고 따뜻한 사람으로 자라서
욕심내는 마음, 화내는 마음,
어리석은 마음을 가지지 않고,
부처님 가르침을 잘 배우고 지키는
도반이 되도록 기르겠습니다.

거룩하신 부처님,
이 소중한 인연을 가피하여 주심에 감사드리며
○○이의 앞길에 부처님의 지혜와 자비 광명이
늘 함께하기를 발원합니다.

· 생일 의례 발원문 ·

나 홀로 존귀하네

근원 자리에 한 그루 나무가 있네.
하늘과 땅이 나뉘기 전부터 꽃은 피어있구나.
푸른색도 흰색도 검은색도 아니고 한 가지 색에
머물러 있지 않으니
봄바람에도 없고, 하늘에도 없어라.

圓覺山中生一樹 원각산중생일수
開花天地未分前 개화천지미분전
非靑非白亦非黑 비청비백역비흑
不在春風不在天 부재춘풍부재천

○ 예불문 중에서

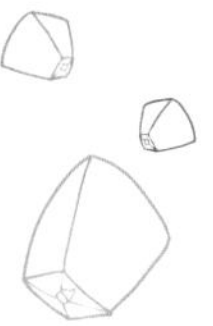

생일을 축하하며…

김실
연화장, 불교여성개발원 회원

대자대비하신 부처님,
저희는 어제 같은 오늘이며, 내일 같은 오늘을
특별한 날로 맞아 행복한 마음을 열고
지성으로 발원하옵니다.

거룩하신 부처님,
오늘 생일을 맞이한 ○○○ 불자의 마음에
부처님의 밝은 마음을 보게 하여 주시고,
시련과 방황에서 헤맬 때 따뜻한 손길을 잡고
평화롭고 안정된 마음으로 돌아오게 해주시며,
미움과 괴로움과 증오의 마음이 사라지게 하시어
감사와 행복과 즐거움의 마음이 가득하게 하소서.

말과 몸과 마음으로 지은 죄를 참회하여

같은 업을 짓지 않게 하여 주시옵소서.
본인 스스로를 사랑할 줄 알게 하시며
주변의 모든 것들의 아름다움을
볼 수 있게 하여 주시옵소서.

거룩하신 부처님,
오늘 생일을 맞은 ○○○이 건강한 몸과 마음으로
지혜의 눈을 뜨게 하여 주시고,
부지런함과 용기로 행복한 지금을 볼 수 있는
밝은 눈과 마음을 가지게 하여 주소서.
우리 가정의 행복과 평화를 지켜 주시고
이 모든 기쁜 일을 가족과 함께하게
하여 주시옵소서.

대자대비하신 부처님,
지극한 마음으로 귀의하옵니다.
나무 석가모니불
나무 석가모니불
나무 시아본사 석가모니불.

생일 주인공의 감사 인사

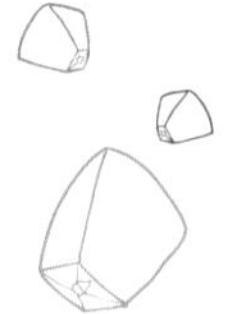

김실
연화장, 불교여성개발원 회원

오늘 이 자리에 함께한 가족 모두에게 감사합니다.
저의 오늘을 있게 해 준 삼생의 모든 인연에
감사합니다.
앞으로의 남은 생은 지금까지 맺은 인연들에게
베풀면서 살아가도록 노력하겠습니다.
저 스스로를 사랑하며
몸과 마음을 잘 다스리며 살아가겠습니다.

남동현(화안) 108인회 회장님의 생일 축하 발원문

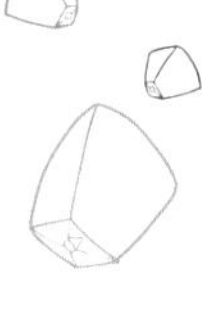

원유자

보광월, 4차 108인, 불교여성개발원 부원장

아버지, 어머니의 반반을 받아서 몸이 태어난 날.
아버지의 아버지, 어머니의 어머니가
피와 뼈와 바람이 되어 파도치고 공부하며
축복 속에 어언 이승의 벅찬 전진의 날을 맞이한
오늘입니다.

교육자의 지덕을 부처님 가피로
40여 년간 이 나라의 동량을 기르고
퇴직 후도 퇴계 선생의 가르침으로 사도되어
홍익 이념의 보살도를 행하십니다.

조상 대대의 숙연의 복으로
불교여성개발원의 수문장 되고, 사공 되고,
무수리 되어 불철주야 불교여성개발원

모든 부처님 구성원들은 일체유심조(一切唯心造)
가르침을 연마하는 이 터전을 일구었습니다.
수세미도 뜨고, 모자도 뜨고, 발품 팔아
온몸을 심청이처럼 던지며 공덕을 지어,
108인회의 노고가
불교여성개발원 108인회가
영광의 불모(佛母) 되어
한국불교의 금자탑이 되었습니다.

돌아보면 부모님, 시부모님, 은사님, 형제들
모두 남편과 자녀들 모두 방패를 든 공주인 우리 모두를
응원하고 디딤돌이 되어 주셨습니다.

부처님의 딸로 늘 깨어서 무주상보시(無住相布施)를
하는 도를 이루어 성불하기를 축복합니다.
다소 복덕의 보상을 바라지만,
모두의 안위를 북돋는 광명을 주시옵소서.
심신이 건강해서 하고자 하는 모든 일이
시시각각 소원 성취토록 축원하나이다.

아침 문을 열면 우렁각시가 다녀가길 소망하지만,
스스로 우렁각시 되어 불국토에 행주치마 두르고
인연의 아롱다롱 복덕을 짓습니다.

부처님의 가피 늘 가득하소서.
67회 생신을 축하드립니다.
이 생일의 발원이 불심의 두레박으로
대대손손 이어지길 발원합니다.

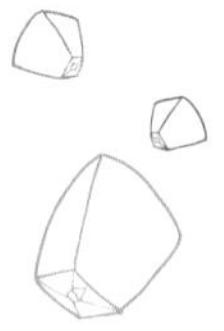

생일 주인공의 감사 인사

남동현

화안, 6차 108인, 총 108인회 회장

한량없는 지혜와 자비로 마음의 어둠을 밝혀주시고
길을 찾아주시는 거룩하신 부처님,
불교여성개발원 발원문 쓰기와 불교 의례의 상용화에
저의 67회 생일 축하 의례가 적용되었습니다.

이를 계기로 저 자신을 돌아보니
살아오면서 지은 허물과 죄업이 매우 큼을
다시 한번 확인하게 되었습니다.
지극한 마음으로 참회하옵니다.

항상 수행 정진하는 불제자가 되기를 발원합니다.
언제나 부처님을 공경하는 마음으로 내 가족과 주변,
사회활동을 하면서 연관된 모든 이들을 대하고,
함께 부처님과 같아지기를 발원합니다.

그리고 저에게 주어진 108인 회장으로서
책무를 잘 수행할 수 있기를 발원합니다.
그리하여 개발원이 지향하는 수행과 봉사,
교육의 따뜻하고 아름다운,
모두에게 귀한 기관으로 성장하기를 발원합니다.

바라옵건대,
언제 어디서나 회원 가족들 모두
몸과 마음이 건강하고,
향하는 곳마다 막힘이 없고,
행하는 일마다 원만히 성취되어
나날이 행복한 삶이 이어지기를 간절히 발원하옵니다.

항상 바른 마음으로 불·법·승 삼보를 찬탄하고,
심성을 닦아 참되고 슬기롭게 함께 살아가겠습니다.

나무 석가모니불
나무 석가모니불
나무 시아본사 석가모니불.

손자 생일에 기쁨과 사랑을 전하며

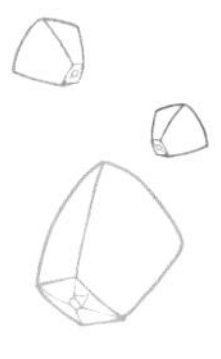

황경자

사리행, 8차 108인, 위즈덤 합창단 단장

지혜와 복덕 두루 갖추시고,
대자대비로써 고해의 중생을 제도하시는
인류의 스승이시며, 사생의 자부이신
거룩하신 부처님이시여!

바라옵건대 항상 부처님의 참된 가르침을 받들어
올바른 불자의 삶을 살고자 하는 저희들이
이제 불·법·승 삼보님께
몸과 마음을 바쳐 귀의하옵나니,
저희들의 간절한 발원을 들어주시옵소서!

거룩하신 부처님!
이 아이들이 이 세상 수많은 가족 가운데
우리에게 올 수 있었음에 감사합니다.

'어디에서 요런 놈이 우리에게 왔을까' 하며
기쁜 사랑을 전합니다.
정말 눈에 넣어도 아프지 않을 사랑둥이들~.
그럼에도 간혹 작은 투정에도 야단치고, 화를 내고,
받아들여 주지 못한 비좁은 마음을 참회합니다.

끊임없는 용서와 수용, 감사와 사랑으로
안아주지 못했음을 참회합니다.
나의 사사로운 욕심으로 '이래야 한다',
'이랬으면 좋겠다'의 굳은 생각에 갇혀
슬픈 마음을 갖지는 않았는지
못난 이 마음 참회합니다.

자주 만나 저에게 사랑이 무엇인지 깨닫게 해주고,
삶의 의미를 더욱 알게 해준 사랑둥이들.
얼마 전 새로운 게임을 업그레이드하고 싶은데,
제가 게임 용어를 몰라 도와줄 수 없는 상황에 놓이니
속상해하며 문 닫고 나오지 않던 손자, 자리 깔아 놓고,
그 마음 이해가 되어 기다려 주니,
문을 빼꼼빼꼼 여닫으며 저의 기분을 살피고 있다가

제가 웃으며, “그래! 그래! 얼마나 하고 싶었겠니, 속상하지.” 하며 씽긋 해주니, 어느새 살며시 옆에 와서 누운 녀석.

그 행동에 우리 아이들 키울 적과 겹쳐
그때는 교육적으로만 생각해서,
화내면 무조건 잘못된 거라 여기며
마음을 다독여 주지 못했음에 눈시울이 적셔졌어요!
손주를 키우며 예전 잘못했음을 뒤돌아보게 됩니다!

우리 부부는 손자를 늘 응원하며 보리 종자 심어
이 나라의 인재로 성장하기를 발원합니다.
손자를 통해 부처님의 가르침이
더욱 깊어지기를 발원합니다.

자비하신 부처님!
우리 가족에게 와 준 눈에 넣어도 아프지 않을
사랑둥이들이 부처님의 평정심을 가슴에 새기며
행복하고, 주변에 늘 사랑을 전하고, 친구들과
사이좋게 지내주기를 늘 부처님 전에 기도 올립니다.

• 어린이·청소년 발원문 •

소원을 들어주세요

관세음 관세음
간절한 그 마음에 절하나이다.
손에는 글자 없는 도장을 들어
내 콧구멍 깊이 그 도장 찍으셨네.
어찌 그 도장에만 글자 없으리.
그 몸 또한 찾을 길 없네.
그러나 언제나 여기를 떠나지 않아
맑은 바람이 대숲을 흔드네.

稽首觀世音 계수관세음
大悲老婆心 대비노파심
手提無文印 수제무문인
印我鼻孔深 인아비공심
豈惟印無文 기유인무문
身亦無處尋 신역무처심
而常不離此 이상불리차
淸風散竹林 청풍산죽림

○ 진각혜심 선사, 몽견대비보살(夢見大悲菩薩)

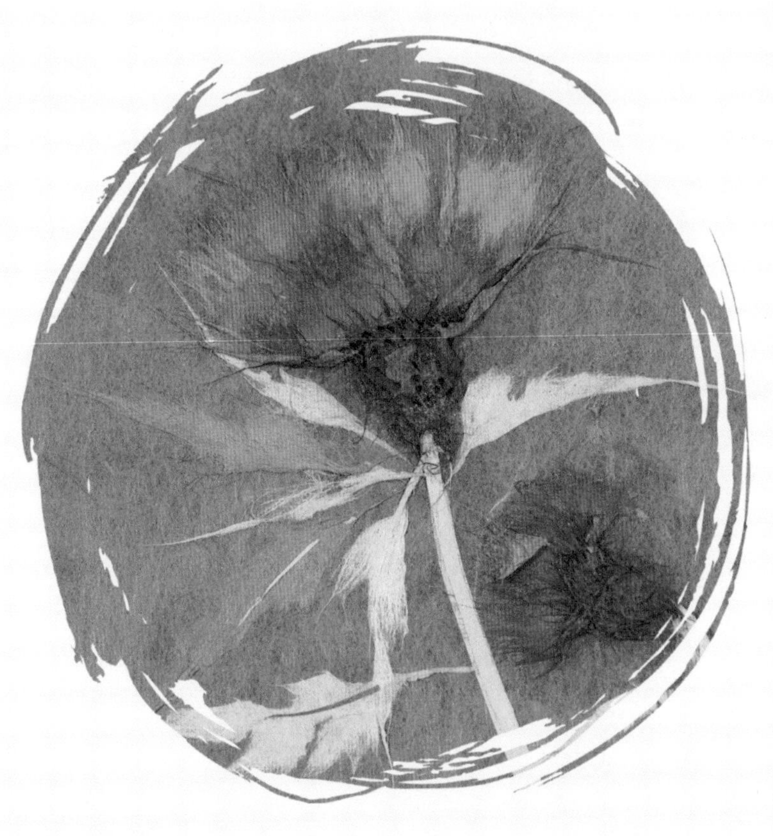

휘의 발원문

나휘
7살

나는 우리 가족이 건강했으면 좋아요.

나는 우리 가족이 건강했으면
조아요.

태건이의 발원문

육태건
7살

저의 소원은 지구의 열이 다 빠져나가서
(지구가) 시원해지면 좋겠어요.

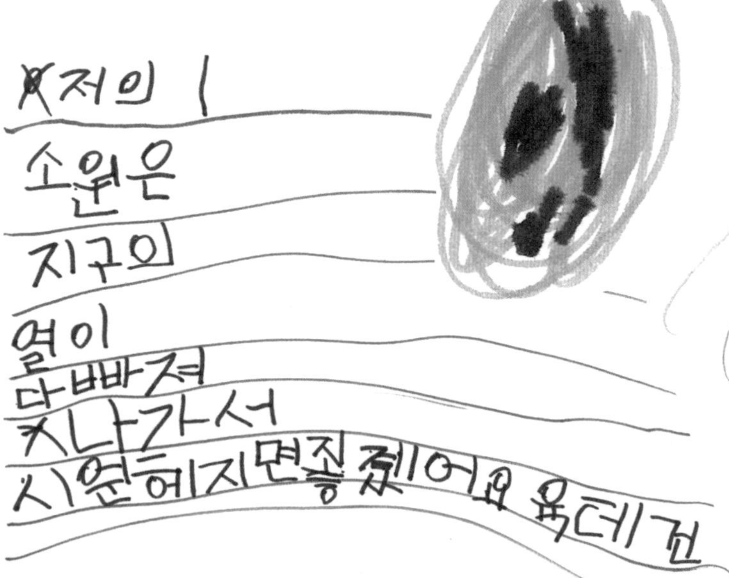

4월

저는

율이의 발원문

나율
7살

저는 화가가 되고 싶어요.
왜냐하면 저는 그림을 잘 그리고 싶어서요.

저는 화가가 되고 싶어요.
왜냐하면 저는 그림을
잘 그리고 싶어서요.

승건이의 발원문

육승건
7살

지구가 아프지 않고 발전해서
사람들이 행복해졌으면 좋겠어요.

정산이의 발원문

김정산
송원초등학교 1학년

나랑 아빠랑 엄마랑 다 같이 책을 팔고 있을 때, 갑자기 날개 돋친 듯 팔려서 제주도 여행을 가는 게 제 소원입니다.

나랑아빠랑엄마랑다갑치책을팔고있을때
갑자기날개독친득팔러서제주도여행을
가는게제소원입니다

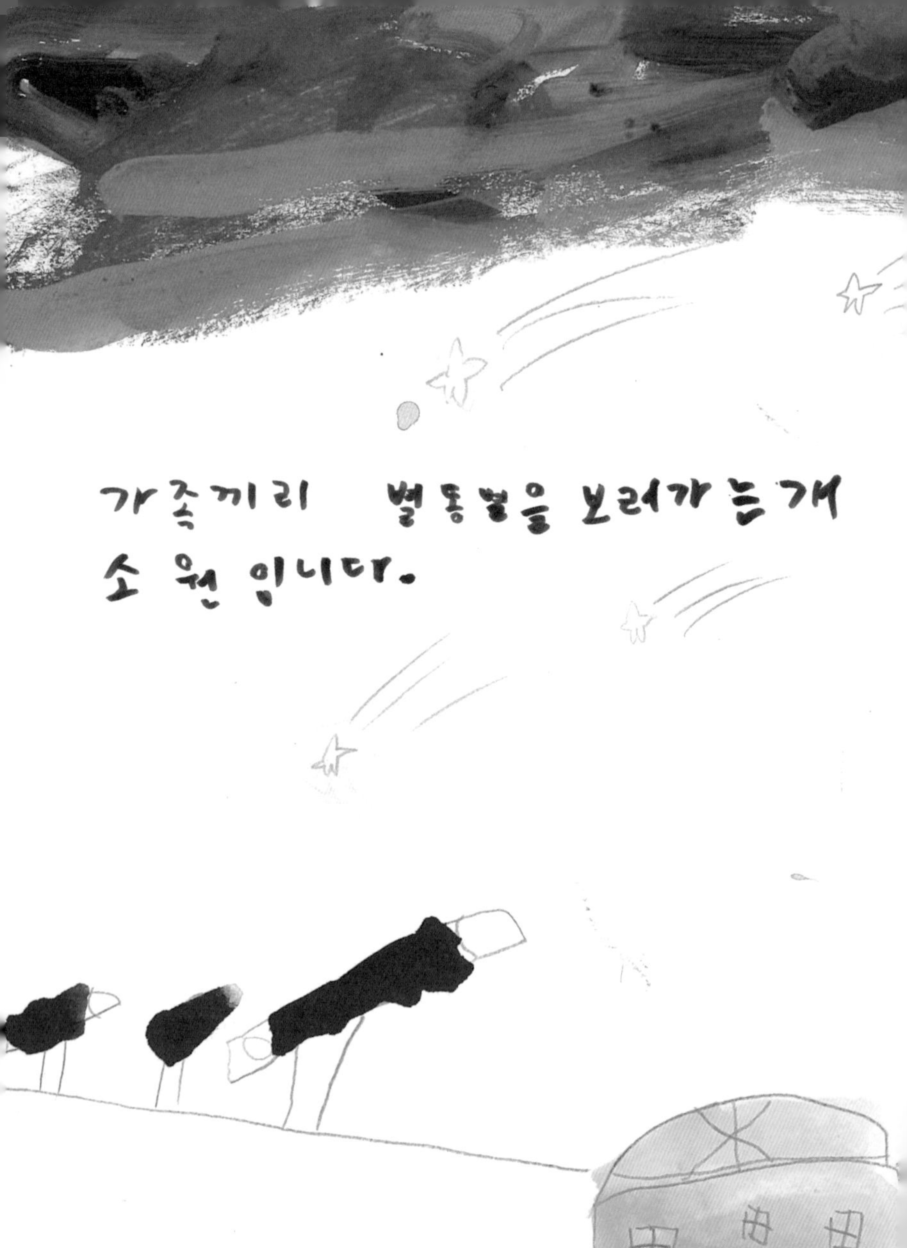
가족끼리 별동별을 보러가는개
소 원 입니다.

시우의 발원문

문시우
금성초등학교 1학년

가족끼리 별똥별을 보러 가는 게 소원입니다.

선우의 발원문

문선우
금성초등학교 4학년

바다가 깨끗해져서 사람들이 안심하고
해산물을 먹었으면 좋겠습니다.

바다가 깨끗해져서 사람들이
안심하고 해산물을 먹었으면 좋겠습니다.

혜연이의 발원문

김혜연
목운초등학교 3학년

첫 번째 소원은 성실하게 학교를 다니는 것입니다.
학교는 우리를 성장시키는 곳이기 때문이죠.

두 번째는 숙제를 잘하는 것입니다.
학교 숙제, 학원 숙제 모두 숙제를 열심히 하면
몽글몽글 지혜가 자라서 제 머리가 든든해지죠.

세 번째 마지막은 친구들과 친하게 지내는 것입니다.
나의 이야기를 진심으로 들어주는 친구는
저에게 필요한 존재이기 때문이죠.

존경하는 부처님 말씀을 까먹고 지냈습니다.
이제 멋진 사람이 되도록 노력하겠습니다.

나무 석가모니불.

2023. 8. 9.

목운 초등학교 3학년 김혜연

1째 나의 소원은 성실하게 학교를 다니는 것 입니다. 학교는 우리를 성장 시키는 곳이기 때문이죠.

2번째는 숙제를 잘하는 것 입니다. 학교숙제, 학원숙제 모두 숙제를 열심히 하면 몽글 몽글 지혜가 자라서 그게 머리가 든든해 지죠.

3번째 마지막은 친구들과 친하게 지내는 것 입니다.
나의 이야기를 진심으로 들어주는 친구는 저에게
필요한 존재이기 때문이죠.

존경하는 부처님 말씀을 마음먹고 지냈습니다.
이제 멋진 사람이 되도록 노력하겠습니다.

나무 석가 모니 불

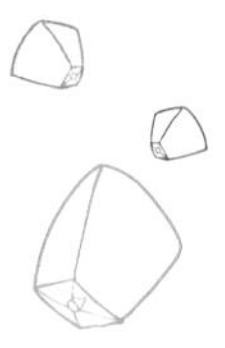

혜린이의 발원문

김혜린
성동초등학교 5학년

첫 번째로 바라는 소원은 우리 가족이
잘 사는 것입니다. 왜냐하면 건강하게 살아서
부모님과 행복한 추억을 더 많이 만들고,
오래오래 함께 하고 싶기 때문입니다.

두 번째로는 집중을 잘하는 것입니다.
왜냐하면, 내가 공부하거나, 독서를 할 때
집중을 잘 못하기 때문입니다.

세 번째로는 공부를 잘하는 것입니다.
왜냐하면 내가 이루고자 하는 꿈을 이루기 위해서
공부를 더 잘하고 싶기 때문입니다.

NO.
DATE.

혜린이의 발원문 서울 성동초등학년 오학년 김혜린

첫 번째로 바라는 소원은 우리 가족이 잘 사는 것 입니다. 왜냐하면 건강하게 살아서 부모님과 행복한 추억을 더 많이 만들고, 오래오래 함께 하고싶기 때문입니다.

두 번째로는 집중을 잘 하는 것 입니다. 왜냐하면, 내가 공부 하거나, 독서를 할때, 집중을 잘 못하기 때문입니다.

세 번째로는 공부를 잘 하는 것 입니다. 왜냐하면 내가 이루고자 하는 꿈을 이루기 위해서 공부를 더 잘하고싶기 때문입니다.

마지막으로 바라는 소원은 친구들과 잘 지내는 것 입니다. 왜냐하면 친구들과 친하지만 자주 싸우는 친구들과 자주 싸우고싶지는 않아서 입니다.

앞으로 소원을 이루기 위해 노력할 것 입니다.

나무석가모니불

마지막으로 바라는 소원은
친구들과 잘 지내는 것입니다.
왜냐하면 친구들과 친하지만
자주 싸우는 친구들과 자주 싸우고 싶지는
않아서입니다.

앞으로 소원을 이루기 위해 노력할 것입니다.

나무 석가모니불.

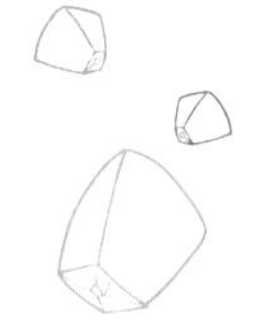

진현이의 발원문

박진현

초등학교 3학년

부처님!

저의 첫 번째 소원은
우리 집에 모기랑 파리가 없어지는 것입니다.
음식을 먹다가 남겨서 놓아두면
하루살이 같은 벌레가 생기니,
깨끗이 먹어서 모기랑 파리가 생기지 않게 하겠습니다.
두 번째는 키가 크는 것입니다. 키가 크면 멋집니다.
세 번째는 우리 가족이 아프지 않고
건강하게 사는 것입니다.
그리고 할머니가 1004살까지
영원히 살 수 있게 해주세요.

추신: 1004는 그만큼 오래 살게 해달라는 것을 뜻하고
천사를 뜻하기도 함.

마지막으로 테스트를 매일 매일 다 맞기입니다.
집중하고 열심히 공부하겠습니다.
이런 것들이 이루어지도록 노력하겠습니다.

나무 석가모니 부처님.

박진현 초등학교 3학년

부처님

저희 첫 번째 소원은 우리 집에 모기랑
날파리가 없어지는 것입니다.
음식을 먹다가 남겨서 놓아두면 하루살이
같은 벌레가 생기니, 깨끗이 먹어서
모기랑 날파리가 생기지 않게 해주세요.
두번째는 키가 크는 것입니다. 키가 크면 멋집니다.

세 번째는 우리 가족이 아프지 않고
건강하게 사는 것입니다.
그리고 할머니가 1004살까지 영원히
살 수 있게 해주세요.

제발~! 제발~!

♥ ♥ 선(2)  짝!  짝! 

추신 1004는 그만큼 오래 사는 것 고 1004는
천사를 뜻합니다.
마지막으로 테스트를 매일매일 다 맞기
입니다. 집중하고 열심히 공부하게습니다.
이런 것들이 이루어지도록 노력하겠습니다.

소윤이의 발원문

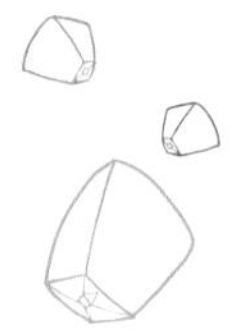

이소윤
초등학교 2학년

사랑하는 부처님!

저의 첫 번째 소원은 공부 잘하기입니다.
공부를 잘하면 좋은 대학에 가고
좋은 직업을 가질 것입니다.
두 번째는 우리 가족이 건강하게 사는 것입니다.
그러면 우리 가족 모두 행복하게 살 수 있습니다.
세 번째는 운동 잘하기입니다.
운동을 잘하면 키가 큽니다.
이런 것이 이루어지도록 열심히 노력하겠습니다.

나무 석가모니불.

사랑하는 부처님

저의 첫번째 소원은 공부 잘하기 입니다.
공부를 잘 하면 좋은 대학에 가고 좋은 직업을
가질 것입니다.

두번째는 우리 가족이 건강하게 사는 것입니다.
그러면 우리 가족 모두 행복하게 살수 있습니다.
세번째는 운동잘하기 입니다. 운동을 잘하면 키가
큽니다.

이런 것이 이루어 지도록 열심히 노력을 하
겠습니다.

나무석가모니불

이소윤 초등학교 2학년

호서의 발원문

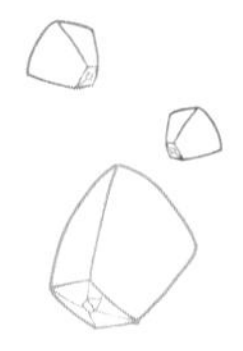

이호서
초등학교 5학년

크고 웅장하고 멋진 부처님!

나의 첫 번째 소원은 공부를 잘하는 것입니다.
공부할 때 집중하고, 책을 많이 읽고,
시험을 잘 봐야 좋은 대학교에 갈 수 있고,
내가 좋아하는 재미있는 일자리를
얻을 수 있기 때문입니다.
두 번째 소원은 안 아프기입니다.
아프면 아무것도 할 게 없고,
공부를 못하고 심심하기 때문입니다.
세 번째는 축구 많이 하기입니다.
축구는 내가 좋아하는 운동이고,
운동이 많이 되기 때문입니다.
네 번째 소원은 친구 많이 사귀기입니다.

친구들이 많아야 놀 친구도 많아지니까
재미있기 때문입니다.
다섯째는 키가 많이 크기입니다.
엄마가 키가 더 많이 커야 멋지다고 했기 때문입니다.
나는 185cm까지 크고 싶습니다.
여섯 번째는 여행을 좋아하기 때문에
여행 많이 가기입니다.

멋진 부처님,
저의 소원이 이루어지도록 노력하겠습니다.
부처님 고맙습니다.

나무 석가모니불
나무 석가모니불
나무 마하반야바라밀.

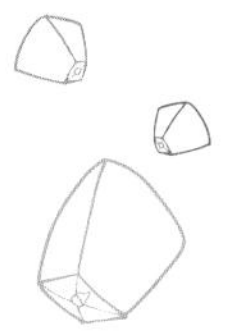

호제의 발원문

이호제
초등학교 5학년

거룩하신 석가모니 부처님!

나의 소원은 학원 테스트 많이 맞는 것입니다.
다 맞으면 너무 기쁩니다.

두 번째는 다리 안 다치는 것입니다.
축구하다 다쳐 두 번이나 깁스를 했습니다.
다리를 계속 다치면 키가 안 자랄 수도 있기 때문에
조심하겠습니다.

세 번째는 큐브 10초 안에 맞추는 것입니다.
10초 안에 맞추면 집중이 되고 많이 기쁩니다.

네 번째는 키가 크는 것입니다.
왜냐하면 이*서가 계속 내가 자기보다 키가 작다고
놀리기 때문입니다.
이다음에 내가 더 클 수 있도록
잘 먹고 운동하겠습니다.

부처님 고맙습니다.

마하반야바라밀
마하반야바라밀
나무 마하반야바라밀.

윤동이의 발원문

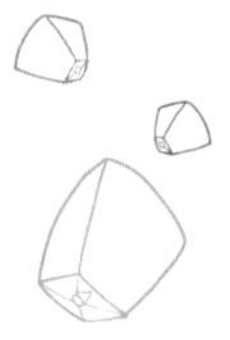

강윤동
중학교 3학년

부처님 가르침으로 하루하루 행복합니다.
내가 앞으로도 행복하기를 발원합니다.
부모님도 앞으로 행복하기를 발원합니다.
우리 가족이 건강하기를 발원합니다.
이 세상의 모든 생명체가 건강하기를 발원합니다.
모든 생명체가 행복하기를 발원합니다.
지구 온난화가 끝나기를 발원합니다.
좋은 일을 한 사람들은 보상받고
나쁜 일을 한 사람들은 처벌받기를 발원합니다.
사람들이 서로 다투지 않기를 발원합니다.
이 세상에 아픈 사람이 없기를 발원합니다.
이 세상에 배고픈 사람이 없기를 발원합니다.
이 세상에 억울하게 돌아가시는 분이 없기를 발원합니다.

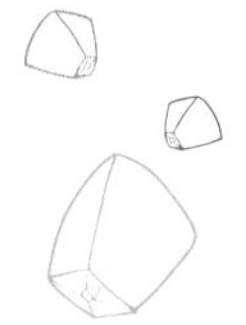

화경이의 발원문

강화경
고등학교 1학년

두루 중생의 아픔을 돌봐주시고 밝은 세계로
인도하시는 부처님 가르침에 감사드립니다.
남은 삶 동안 제 몸과 마음이 건강하기를 발원합니다.
우리 가족, 친지, 지인들 모두 남은 삶 동안
몸과 마음이 건강하기를 발원합니다.
지구에 사는 모든 사람이 남은 삶 동안
몸과 마음이 건강하기를 발원합니다.
지구에 있는 모든 생명을 가진 것들이
남은 생 동안 몸과 마음이 건강하기를 발원합니다.
이미 사라져 버린 모든 생명을 가진 지구 생물들이
좋은 곳에 가기를 기원합니다.
앞으로 생겨날 모든 지구 생물들이
평생 몸과 마음이 건강하기를 발원합니다.
거대하고 끝없는 우주 내 모든 것들이

평생 몸과 마음이 건강하기를 발원합니다.
이미 사라진 우주 내의 모든 것들이
좋은 곳에 가기를 발원합니다.
앞으로 생겨날 모든 우주 생물들이
평생 몸과 마음이 건강하기를 발원합니다.
우주의 안과 밖 모두 포함하여 생명을 가진 모든 것들이
평생 몸과 마음이 건강하기를 발원합니다.
우주의 안과 밖, 모든 사라진 생명이
좋은 곳에 가기를 발원합니다.
우주의 안과 밖, 앞으로 생길 모든 생명이
평생 몸과 마음이 건강하기를 발원합니다.
위치와 시간을 불문하고 모든 생명이 건강하기를
발원합니다. 사람들이 서로 보듬는 세상이 오기를
발원합니다.
아빠가 술을 끊고 동생이 게임을 끊기를 발원합니다.
제가 제 일에 더 집중할 수 있기를 발원합니다.
제 가슴에는 뜨거운 열정을, 미래에는 차가운 이성을
언제까지나 간직할 수 있기를 발원합니다.
모든 분의 발원이 다 이루어지기를 바랍니다.

• 일상 생활 발원문 •

날마다 좋은 날

청간(淸澗)

구름 속에서 솟아난 한줄기 샘물이여,
밤낮으로 쉬지 않고 흐르고 흘러
서쪽으로 곤륜에 다다르고
동쪽으로 바다에 이르는데
그동안 맑은 날, 흐린 날
굽이굽이 갈림길이 얼마나 많았을까?

源泉一派雲中出 원천일파운중출
晝夜長流無歇時 주야장류무헐시
西至崑崙東至海 서지곤륜동지해
其間淸濁幾多岐 기간청탁기다기

○ 서산 대사

자녀 결혼 발원문

이정호

원명심, 2차 108인, 불교여성개발원 부원장

만 중생을 행복으로 인도하시는 부처님!
오늘 ○○○ 불자와 ○○○ 불자가
신랑, 신부로 만나서 백년가약을 맺는 날입니다.
각기 다른 부모 밑에서 태어나 다른 환경에서 자라난
두 사람이 만나 서로 믿고 의지하고 함께 살기로
서약하였으니 참으로 기쁘고 감사한 일입니다.

이제 어른이 되어 자기 가정을 이루고 살아갈
두 사람을 자식으로 키워온 저희 부모들은
아이들의 어린 시절부터 지금까지
무수히 저지른 잘못을 참회하옵니다.
때로는 욕심이 지나쳐 자식에게 무리한 요구를 하고,
제 자신의 부족함으로 인해 일어난 문제를
자식 탓으로 돌렸으며, 넘치거나 부족한 사랑으로

자식을 힘들게 하였습니다.
이 모든 잘못을 부디 용서하여 주시옵고
어려움 속에서도 잘 자라서
새 가정을 이룬 아이들을 지켜 주시옵소서.

살아가면서 만날 크고 작은 어려움을
슬기롭게 헤쳐 나가도록 이끌어 주시고,
두 사람이 서로의 마음에서 맑고 아름다움을 발견하고
키우고 사랑하도록 도와주시옵소서.
세상 만물이 서로 의지하고 연결되어 있음을
깨닫게 하시고 인연의 소중함을 알게 하소서.
그리하여 부모, 형제, 친지들과
만물의 은혜에 감사하고,
주위 존재들과 따뜻한 교류를
할 수 있도록 도와주시옵소서.

대자대비하신 부처님!

엎드려 비옵나니 오늘 새로 자식이 된 새아기(사위)와
많은 사랑을 나눌 수 있게 하여 주시고,

자식들로 인하여 하나로 연결된 두 집안에
항상 웃음과 행복이 가득하게 하여 주시옵소서.
오늘의 이 기쁨을 함께하신 모든 분들의 앞날에도
건강과 행복이 충만하도록 도와주시옵소서.

감사하고 또 감사하옵니다.

나무 석가모니불
나무 석가모니불
나무 시아본사 석가모니불.

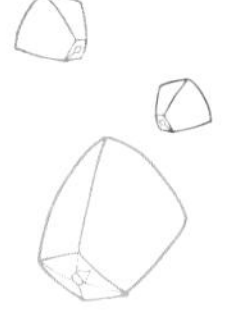

이른 아침에 기원드리며…

정대련

법경심, 6차 108인, 불교여성개발원 부원장

이른 아침 두 손 모으고 삼보 전에 귀의합니다.

청정법신 비로자나불, 원만보신 노사나불,
천백억화신 석가모니불, 서방교주 아미타불,
당래교주 미륵존불, 백천만 억 부처님께 귀의합니다.
대방광불화엄경, 금강반야바라밀경, 묘법연화경
팔만사천 부처님 법문에 귀의합니다.
대지문수사리보살, 대행보현보살, 대비관세음보살,
대원본존지장보살 천하종사 일체 미진수 보살님과
선지식께 귀의합니다.

부처님을 닮아가겠습니다.
부처님처럼 생각이 넓어지겠습니다.
부처님 제가 꼭 불자가 되겠습니다.

부처님 전에 두 손 모으고 가족을 위해 발원합니다.
극락왕생하옵신 아버님 어머님, 아버지 어머니,
흰 연꽃으로 장엄된 백화도량(白花道場)에 다시 나셨으리니
여러 보살님과 더불어 바른 진리의 법을 듣고
진리의 흐름에 들어 생각마다 묘한 지혜가
더욱더 밝아져서 부처님의 무생법인을 누리옵소서.

○○○ 법행(法行) 지아비 부처님을 위해 기도합니다.
저 눈과 귀와 코와 혀와 몸과 뜻이 부처님을 닮아
법안(法眼) 열리고 법문(法門) 들으며 법계(法界) 숨 쉬고
법어(法語) 말하며 법신(法身) 법지혜(法智慧)로
눈길 가는 곳마다 손끝 닿는 곳마다 발길 머무는 곳마다
부처님 법(法) 열리고 부처님 행(行)이 이루어져
이 가정의 큰 어른 되시고
세상 어려운 이들과 힘든 이들에게 큰 도움 되시며
원만법행(圓滿法行) 충만한 불법 세계 이루어지이다.

○○○ 사위 부처님을 위해 기도합니다.
오늘도 ○○○ 불자가 한 가정의 지아비와 아버지
됨을 지키며 세상 많은 이들을 위해 전하는 말과

모습이 부처님의 지혜와 자비, 부처님의 가피와 은덕
충만하여 온 세상에 평안과 기쁨이 펼쳐지이다.

○○○ 대위광(大威光) 딸 부처님을 위해 기도합니다.
아름다운 부처님의 밝은 지혜와 자비하심이
함께하시어 ○○○ 불자가 머무는 곳마다
부처님 세상 펼쳐지고 시부모님께 감사하며
참된 지어미와 어미의 도리를 행하며
몸담은 일터의 한 일꾼으로서
계획하고 행하는 일이 원만하게 이루어지이다.

○○○ 혜성(慧性) 아들 부처님을 위해 기도합니다.
부처님의 밝은 지혜와 크신 자비,
깊은 가피로 성심으로 공부하고 연구하는 오늘 하루,
부처님의 지혜 복덕이 충만하여지이다.

○○○, ○○○ 아기 부처님을 위해 기도합니다.
사랑과 자비 충만한 부처님의 가피로
우리 천진불(天眞佛) ○○○ ○○○
오늘도 밝은 웃음과 기쁨 가득한 세상 누리게 하소서.

시댁 형제 가족 부처님 모두 친정 형제 가족 부처님
모두 부처님 세상에서 지혜 복덕 누리며
서로 화락하여 지이다.

대학의 동료 교수, 학생 부처님 모두
불법 세계 만나 서로 도우며 학문 이루어지이다.
온 나라, 온 세상이 불법 세계 이루어
평화와 복락 누리게 하소서.

○○○ 법경심(法鏡心) 두 손 모아 마음 다해
부처님 전에 발원하오니, 오늘 하루 제가 말하고
행하는 일마다 부처님 법에 충실하고 저를 보거나
만나는 이 모두 거룩하신 부처님과 부처님 법문과
부처님 법행을 만나지이다.
삼보님 전에 두 손 모으고 간절히 발원하옵니다.

나무 석가모니불
나무 석가모니불
나무 시아본사 석가모니불.

가족 출근, 등교 길 배웅하며…

정대련

법경심, 6차 108인, 불교여성개발원 부원장

대자대비하신 관세음보살님 전에
두 손 모아 발원합니다.
오늘도 ○○○ 불자가 가는 길 안전하게 지켜 주시고,
생각하고 말하고 행하는 모든 일이 불법에 충만하여
나아가고 머무는 곳마다 주변 이들 모두
평화와 기쁨 함께 하여지이다.

관세음보살
관세음보살
나무 관세음보살마하살.

어려운 책무, 시험 등 큰일에 임하는 가족을 위해…

정대련

법경심, 6차 108인, 불교여성개발원 부원장

진리의 빛으로 온 우주에 두루하시는 부처님,
오늘 ○○○ 불자가 크고 어려운 일(시험)을 앞두고
있습니다. 열심히 성실하게 준비하고 노력하였으리니,
실수 없이 최선을 다해 원하는 결실 거두도록
지켜 주소서.
혹여라도 미처 알지 못하고 준비가 미흡하여
결과가 미흡하더라도 이 모두 제 인연 따라
이루어진 소산임을 깨닫고 좌절하거나 포기하지 않으며
다시 용기 내어 일어설 힘과 지혜를 주소서.
부처님의 가피와 은덕이 함께 하여지이다.

관세음보살
관세음보살
나무 관세음보살마하살.

외국으로 연수를 떠나는 딸 가족을 위해…

정대련

법경심, 6차 108인, 불교여성개발원 부원장

지혜와 자비의 부처님 전에 두 손 모아 귀의합니다.

자등명(自燈明) 법등명(法燈明) 법문 주신
부처님 가르침을 새기며 간절히 발원합니다.

오늘 ○○○ 딸 가족이 외국으로 연수를 떠납니다.
먼 타국에서 어려운 공부할 때
지혜 광명 밝게 비추사 무사히 마칠 수 있도록
힘과 용기 주시옵소서.

지혜로운 생각과 자비한 마음으로
나날이 미소 속에 남편과 서로 사랑하고 믿으며
상호 먼저 양보하고 화락하며
밝은 내일의 삶을 함께 구축하게 하소서.

귀하고 고운 두 천진불 딸과 아들 키울 때
부처님의 깊으신 가피와 은덕으로
부부 함께 한 곳 바라보며
건강하고 기쁨이 가득한 가정 이루게 하소서.

나무 석가모니불
나무 석가모니불
나무 시아본사 석가모니불.

어려운 관문을 앞에 둔 아들을 위해…

정대련

법경심, 6차 108인, 불교여성개발원 부원장

지혜와 자비의 부처님 전에 두 손 모으고 귀의합니다.

자등명(自燈明) 법등명(法燈明) 법문 주신
부처님 가르침을 새기며 간절히 발원합니다.

오늘 제 아들 ○○○가 먼 타국에서
어려운 관문을 앞두고 있습니다.
과학자가 되어 더욱 나은 세상을 열고
보다 많은 사람을 위해 일하고자
큰 뜻을 키워왔습니다.

AI 인공지능 연구하며
창의적으로 사고하고 탐구할 때,
스승과 동료들과 함께

더욱 큰 세상 열어 가려 노력할 때
부처님의 지혜 광명 밝고 넓게 비추사
끝까지 용기 잃지 않고
최선을 다하도록 힘과 용기 주옵소서.

나무 석가모니불
나무 석가모니불
나무 시아본사 석가모니불.
_()_

불(佛)가족, 여동생을 위한 발원문

이수연
법운후, 불교여성개발원 연구교육팀장

자애롭고 지혜로운 부처님!
지금 이곳, 시방세계에 항상 함께하시는 부처님께
귀의합니다.

동생(同生)이란,
같은 배에서 태어났다고 하여, 동생이라고 한다지요?
그 옛날, 어머니는 집에서 동생을 자연분만하셨지요.
당시 3살 차이 언니였던 저는, 없던 아기가 어디선가
쑥 마술처럼 나오는 것을 보면서
"아기가 미끄럼을 탄다!"
라고 탄성을 지르던 그때를 기억합니다.
사랑하는 제 여동생 부처님의 탄생이었지요!

동생과 저는 자라면서 누가 언니인지, 누가 동생인지

모를 만큼 마냥 재미있게 놀기도 하다가,
다투기도 하다가 이를 수없이 반복하면서
각자의 자리를 지켜나가는 성인으로 거듭났습니다.

동생은 현재 대학생 자녀 둘을 키우고 있는
한 가정의 또 다른 엄마입니다.
우리는 2년 전 어머니 간호를 하면서
더욱더 우리가 가족임을 확인했습니다.
동생과 나는 '우리가 엄마다!'라는 마음으로
어머니 곁을 지켰지요.

'임종으로 함께 가기!'라는
귀한 시간여행의 기회를 어머니가 주신
덕분이었습니다.

모든 것을 만족할 줄 아시며
임종으로 걸어가시는 어머니도 부처님이시고,
본인 가정도 꿋꿋하게 잘 지켜나가면서도
어머니 간호에 지극정성을 쏟는 동생도 부처님이십니다.

이심전심인가?
동생 또한 어머니 임종 바로 직전에
어머니 손을 부여잡고 '언니가 엄마다!'
라고 어머니 귀에 들려줬지요.
나의 깊은 존재 가치를 북돋아 주었던 동생이 한 말,
그때를 기억하면 무언가
'부처님이 살아 계신다!'를 느끼게 합니다.

그렇게 어머니는 증명부처님처럼
어머니의 오른쪽 손은 큰 딸에게, 왼쪽 손은 작은딸에게
평등하게 내맡기신 채 그렇게 평안히
본연의 땅으로 되돌아가셨지요.

우리 세 여인은 이렇게 담담하게
'임종을 함께 동행(同行)하는 길'에서
차분한 당당함으로 항상 우리 곁에
살아 계시는 부처님의 가피를 누렸습니다.

우리 모두가 엄마입니다!
우리 모두가 부처입니다!

너는 나에게, 나는 너에게, 우리가 모두 엄마입니다!
우리가 모두 부처입니다!

우주라는 하나의 배에서 나온 우리는,
부처님의 자녀들로서 동생과 나는 본래 하나입니다!

우리는 무수한 조건으로 변화하는 생로병사 속에서도
이 마음 변치 않고, 결코 물러남이 없는 수행으로
일상생활에서 거듭거듭 태어나면서
부처님의 뜻을 따라서 불도를 이루는
불(佛)가족이라는 도반으로서 살겠습니다.

전생도, 지금도, 다음 생도, 세세생생,
언제나 무한 향상하면서 부처님 도반으로서
함께 불도를 이루기를 발원합니다.

나무 석가모니불
나무 석가모니불
나무 시아본사 석가모니불.

• 불자 생활 발원문 •

부처님 되소서

소리에 놀라지 않는 사자처럼,
그물에 걸리지 않는 바람처럼,
진흙에 더럽히지 않는 연꽃처럼
무소의 뿔처럼 혼자서 가라.

○ 『숫타니파타』 중에서

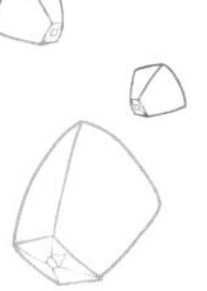

다문화 가족에게 지혜 주소서

노인자
도해장, 5기 108인, 불교여성개발원 다문화가족 단장

지혜의 등불을 밝히신 부처님!
거룩하신 부처님과 부처님의 가르침과
스승에 귀의합니다.
대자대비하신 부처님, 부처님의 자비 광명에
예배합니다. 부처님의 가르침에 감사드립니다.
부처님의 가르침을 다하지 못하고
실천하기를 게을리한 허물 깊이 참회합니다.
자비로우신 부처님 앞에 엎드려 발원합니다.
낯선 땅에 와서 살면서 어려움이 있을지라도
부처님 가르침 따라서 이겨내고
살아갈 용기와 힘과 지혜를 구합니다.
한없는 부처님의 가피 속에서 우리 아들딸들이
건강하고 바른길로 잘 나아갈 수 있도록
지혜와 용기를 구합니다.

자비로우신 부처님!
멀리 고향에 있는 가족과 가까이 있는 가족 모두
가는 길마다 부처님의 광명이 항상 빛이 나서
막힘이 없고, 하는 일마다 불보살님의 자비가
항상 함께하여 무슨 일이든지 잘 되고 순조로우며
뜻대로 되어서 한량없는 부처님의 가피
늘 함께하기를 기도합니다.
거룩하신 부처님!
이제부터 저의 부족함을 알고 원인을 알아
부족함을 없애기 위하여 노력하겠습니다.
부디 바른길을 갈 수 있도록
힘과 용기와 지혜와 복덕을 주소서.
지금 이 순간부터 부처님 지혜를 배우도록
정진하겠습니다. 부처님 전에 간곡히 발원합니다.

나무 석가모니불
나무 석가모니불
나무 시아본사 석가모니불.

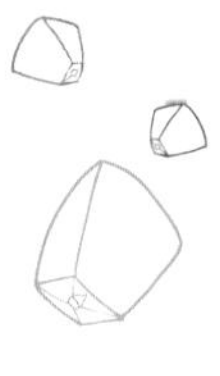

감사기도 속에
자비행이 이어지게 하소서

임순덕

불일화, 5차, 지혜로운여성 이사

숨 쉬고 움직이는 이 순간,
두 손 모아 감사드립니다!
육근(六根)이 청정한 오늘이 되기를 서원하며
정진합니다!

늘~
이 순간 감사하는 마음으로 물 흐르듯
순리대로 일상이 평온하길 기원합니다.

동체 대비의 대비심으로
나, 너 분별심 없는 평등함으로
우리 함께 자비심의 마음이
끊기지 않기를 발원합니다.

인과 연으로
존재의 실상을 정견으로 보고,
느끼며 실천하는 행자가 되기를 기원합니다.

끊임없는 감사기도 속에
우주 법계를 통찰하며
대자대비행이 연이어지길
발원하며 두 손 모읍니다.

전법 발원문

이란
수덕화, 2차 108인, 불교여성개발원 부원장

나무불 나무법 나무승.

깊고 깊은 미묘 법문 높고 높은 부처님 법
백천만겁 지나도록 만나 뵙기 어려워라.
내가 이제 다행히도 보고 듣고 옮겨 쓰니
부처님의 진실한 뜻 깨우치게 하옵소서.

시방세계의 모든 부처님과 보살님께 발원하옵니다.
바라옵건대,
저의 「관세음보살보문품」을 108번 사경한 인연과
지극한 마음으로 불법을 수행하고 전법한 공덕을
법계에 회향하오니 이 공덕이 미래세가 다하도록
삼천대천세계에 불법이 이어지며
이웃들이 이 경전을 보면 환희심을 내고

불법을 깊이 깨달아 성불하기를 기원합니다.
이 「관세음보살보문품」 한 구절 한 구절은
관세음보살님의 깊고 깊은 자비의 가르침이며
모든 부처님의 진실한 말씀이며 깨달음의 법문이니
나와 남을 위하는 공덕이 두루 갖추어 있으니
이 경의 말씀을 깊이 새겨 온 누리의 모든 중생들이
끝없는 옛적부터 지어온 몸과 마음의 허물이
남김없이 소멸하고 불도를 깨달아 성불하여 지이다.

또한, 나와 나의 도반들이 이 경전을 만나서
환희심을 내고 슬픔과 고통, 불안에서 벗어나
보살의 삶을 살게 하시고, 기쁨과 행복을 누리며
마침내 깨달음을 이루게 하여 지이다.
아울러 선망 부모님은 다겁생에 지은 악업이
소멸하고 위없는 깨달음을 얻어 극락 왕생하여
윤회의 바다에서 벗어나게 하여 지이다.

나무 관세음보살
나무 관세음보살
나무 대자대비 구고구난 관세음보살마하살.

방생 발원문

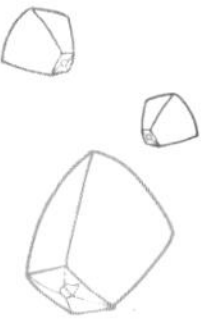

이란

수덕화, 2차 108인, 불교여성개발원 부원장

나무불 나무법 나무승
오늘 저희가 방생하는 인연으로
항상 물질이 흡족하고 마음이 선량하여
다시는 악도에 떨어져 고통받는 일이
없도록 하여 지이다.

또한, 모든 중생이 몸의 아픈 고통, 가난한 고통,
굶주린 고통, 마음이 아픈 고통에서 벗어나
부처님의 자비 도량에서 모든 생활이
지혜롭고 덕스러워 안락하고 안정되어
생사의 고통에서 벗어나 지이다.

저희가 살생하지 않고 방생하는 모든 선행의 공덕으로
자비희사와 보시와 팔정도를 실행하여 배우며,

위없는 지혜와 무상정등보리를 성취하며
부처를 이루어 많은 중생 제도하여
모든 중생에게 성불의 길 열리게 하여
모두 성불하기를 발원합니다.

연꽃이 진흙 속에서 향기롭게 피어나듯,
위없는 지혜와 복덕이 구족하여 성취하며
강물이 흘러 바다에 이르듯,
방생하는 선업의 인연으로 상구보리 하화중생 하며
현생의 극락정토를 이루어지게 하여 지이다.

모든 재앙이 소멸하고 상서 구름 날로 일어
사대육신 청정하여 건강하고 재난 없이,
오나가나 경사 많고 모든 소망 성취하며,
수명의 산은 높아지고 덕의 밭은 넓어지고
복의 바다 깊어져서 나라 위해 빛이 되며
길이 빛날 뜻을 이뤄 부처님 법 빛내면서
참된 행복 성취하여 지이다.

나의 가족과 도반들이 슬픔과 고통,

불안에서 벗어나 기쁨과 행복을 누리길,
모든 생명이 원한과 고통, 불안에서 벗어나
기쁨과 행복을 누리길,
저 허공의 모든 영가가 삼세의 악업이 소멸하고
해탈과 열반에 들게 하시옵기를
간절한 마음으로 뭇 생명을 방생하옵니다.

나무 지장보살
나무 지장보살
나무 대원본존 지장보살 마하살.

나무 관세음보살
나무 관세음보살
나무 대자대비 관세음보살 마하살.

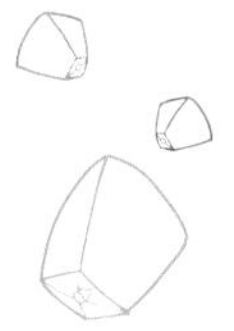

건강과 능력을 주소서

권영순
일고성, 11차 108인

대자대비하신 부처님!!
저 권영순!!!
이미 부처님 나라에 태어나게 해주신 것을
두 손 모아 감사드립니다.

이 세상에서 부처님 덕분에
무사히 79세까지
건강하게 강의하고
뭇 생명에 늘 감사할 수 있어
두 손 모아 감사드립니다.

부처님이시여!!
사람으로 감사히 태어나
부처님 법을 가슴에 담고

한지 연구를 통하여
한지 화가로 살아왔습니다.
미국, 유럽, 일본
여러 나라의 한지 전시회를 통해
불철주야
부처님의 가르침을 전하고자
붓과 하나 되었습니다.
ASME 아시아 유럽정상회담 초대작가,
퇴계 선생 500주년 초대작가,
인천국제공항 신공항 초대작가,
세계박물관 초대작가 등
수없는 가피와 영광을 주셨습니다.
이 모두 부처님 덕분입니다.
두 손 모아 감사드립니다.

이제부터는 부처님 뜻대로
무조건 가지고 있는 모든 것을
다 필요한 곳에
보시합니다.
이 한 몸 다 바치고

가볍게 더 가볍게
부처님 나라에 갈 수 있는
힘을 주시옵소서!!

한지화, 태극권을 통하여
건강 행복한 삶이 개인마다
대한민국·세계·생명 있는 것,
없는 것까지 기도하며 전하도록
건강과 능력을 주시옵소서!!!

· 문병 의례 발원문 ·

어서 나으소서

무엇이 거짓이고 무엇이 참인가?
참과 거짓 모두 본래 참이 아니네.
안개 걷히고 낙엽 진 가을이 맑으니,
청산 그대로 눈앞 가득 참이라네.

摘何爲妄摘何眞 적하위망적하진
眞妄由來總不眞 진망유래총부진
霞飛葉下秋容潔 하비엽하추용결
依舊靑山對面眞 의구청산대면진

○ 경허 스님

건강 회복 발원문

이정호

원명심, 2차 108인, 불교여성개발원 부원장

어느 때 어느 곳에나 계시는 부처님께 귀의하옵니다.
어느 때 어느 곳에나 가득한 가르침에 귀의하옵니다.
어느 때 어느 곳에서나 정진하는 스님들께 귀의하옵니다.

저희들이 오랜 세월 동안 어리석어 지었던 잘못을
참회하옵니다.
나와 남을 구분하여 욕심내고 성내고
상처 입힌 행동을 참회하옵니다.
한 몸의 쾌락을 위하여 참지 못하고
저지른 잘못들을 참회하옵니다.

한 번 두 번의 잘못이 몸으로 쌓이고 마음으로 쌓여
두꺼운 켜를 이루고 오랜 세월 쌓였던 걱정과 근심이
병을 만들었습니다. 이제 그 병을 고치려는

큰 원을 세웠으니 부처님이시여, 굽어살피소서.
죽었다 깨어나는 큰 고난을 통해
우리에게 본래 병이 없음을 보게 하시고,
얻을 것도 버릴 것도 없음을 알게 하시고,
태어남도 죽음도 없음을 깨닫게 하소서.

어두움은 밝음으로 이어지고 고통은 안락으로 변화하여
부드럽고 강함이 하나가 되게 하소서.
살붙이에 대한 걱정도 그리움도 행복이 되게 하시고
내 몸의 늙어짐과 사라짐도 안락이 되게 하소서.
얼굴을 스치는 바람의 서늘함과
햇빛의 따스함을 온전히 느끼게 하시고
그들과 함께 흐르고 머무름이 자유롭게 하소서.

이 모든 원을 들어주시는 부처님께 지극한 마음으로
엎드려 비오니 이 기도의 힘이 날고 기고 헤엄치는
모든 존재에게 미치게 하소서.

나무 석가모니불 나무 석가모니불
나무 시아본사 석가모니불.

문병 의례 발원문

김진

불광등, 2차 108인, 불교여성연구소 소장

대자대비하신 부처님!

○○○ 불자가 현재 질병으로 괴로워하고 있습니다.

○○○ 불자가 그동안 지었던 악업이 있다면

모두 참회하게 일깨워 주소서.

○○○ 불자의 육체적 고통이 정신적 괴로움으로

이어지지 않게 해주시옵소서.

○○○ 불자가 이 육체적 고통을

수행의 발판으로 삼아 불법을 깨우치고

자유로운 사람으로 거듭나게 해주시옵소서.

대자대비하신 부처님!

○○○ 불자가 스스로 병을 치유할 수 있도록

지혜와 용기가 솟아나기를 발원하옵니다.

병을 치료하는 모든 의료진에게 지혜를 주셔서
○○○ 불자의 질병을 치유할 수 있기를
간절히 발원하옵니다.

○○○ 불자의 병을 간병하는 가족과 친지들이
지치거나 절망하지 않고
○○○ 불자를 일으킬 수 있도록
지혜와 용기를 가질 수 있기를 발원하옵니다.

대자대비하신 부처님!
○○○ 불자가 병마를 떨치고 일어나
부처님의 가피를 깨닫고 널리 보살도를 행하면서
회향하며 살아갈 수 있기를 간절히 발원하옵니다.

나무 석가모니불
나무 석가모니불
나무 시아본사 석가모니불.

• 임종 의례 발원문 •

빛으로 돌아오소서

죽고 사는 길
예 있으매 저히고(머뭇거리고)
나는 간다 말도 못다 하고 가는가
어느 가을 이른 바람에
이에 저에 떨어질 잎다이
한 가지에 나고
가는 곳 모르누나
아으 미타찰(彌陀刹)에서 만날 나
도 닦아 기다리리다.

– 양주동 풀이

生死路隱 此矣 有阿米 次肹伊遣
吾隱去內如辭叱都 毛如云遣去內尼叱古
於內秋察早隱風未 此矣彼矣浮良落尸葉如
一等隱枝良出古 去如隱處毛冬乎丁
阿也 彌陀刹良逢乎吾 道修良待是古如

○ 제망매가/ 월명사(月明師)

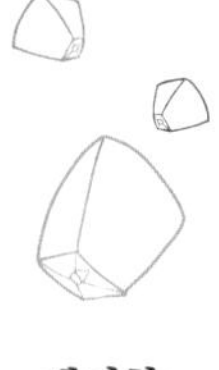

임종을 앞둔/ 혹은 호스피스 병상의 환자를 위한 발원문

계미향

선묘명, 8차 108인, 불교여성연구소 위원

불법승 삼보에 귀의합니다.

대자대비하신 관세음보살님(약사여래보살님)!

지금 ○○○님이 심신의 고통과 불안으로
어려움에 처해 있습니다.
○○○님은 그동안 맡은 일을 열심히 하며
가족과 이웃을 위해 노력하며 잘 살아오셨습니다.
이제 안타깝게도 이생의 인연이 다하여
아미타부처님의 품으로 들려고 합니다.

그동안 삶으로 가르치고 베풀어 주신
○○○님의 은혜에 깊이 감사드립니다.
이번 생에서 저와 아름답고 특별한 인연에 대해서도

감사드립니다.
앞으로도 ○○○님의 가르침을 잊지 않고 되새기며
열심히 살아가겠습니다.

○○○님도 그동안의 악연과 나쁜 기억은 다 잊고,
살아오는 동안 알게 모르게 지었을
악업이 있다면 모두 참회하시고,
사랑하는 사람들과 아름다운 추억만 간직한 채
마음 편히 새 세상을 맞이하시기를 기원합니다.

대자대비하신 관세음보살님(약사여래보살님)!

○○○님은
지금 그 어느 때보다 힘든 과정에 있습니다.
육신의 고통과 근원적 갈증 속에서
가족과 친지, 친구들과의 이별을 앞두고
마음은 천 갈래 만 갈래로 찢어질 것입니다.

부디 대자비를 베푸셔서
○○○님이 현재 상황을 직시하여 받아들이고,

아미타부처님을 관하며
나무아미타불을 염하여
심신의 고통에서 벗어나
부처님의 참 제자가 되기를 기원합니다.

나무아미타불 관세음보살!
나무아미타불 관세음보살!
나무아미타불 관세음보살!

다음생에 더 아름다운 인연으로 만나길 기원하며…

계미향

선묘명, 8차 108인, 불교여성연구소 위원

불법승 삼보에 귀의합니다.

○○○ 영가님께서
이제 사바세계의 인연이 다하여 육신을 벗고
부처님의 품 안에 드셨습니다.
남은 가족과 친척, 보고 싶은 사람들,
못다 한 일, 억울하고 화나는 일 등,
안타깝고 그립고 아쉬운 것이 많겠지만
이제 이승에서의 인연은 끝났으니
모두 잊고 편히
아미타 부처님의 품으로 돌아가시기 바랍니다.

그곳에는 병(가난·장애·고독 등)으로
인한 고통도 없겠지요.

더 이상 이곳에서의 일로 괴로워하지 마시고,
이번 생에서 힘들고 어려웠던 일들은 다 잊으시고
혹시라도 살면서 지은 악업이 있다면
부디 참회하고 또 참회하여,
다음 생에는 더 좋은 곳에서 태어나고
더 아름다운 인연으로 만나길 기원합니다.

죽음은 누구에게나 찾아오는 필연적 과정입니다.
부디 두려워하지 마시고
나무아미타불을 염송하며
아미타부처님 극락세계에 상품상생하소서!

임종 의례 발원문

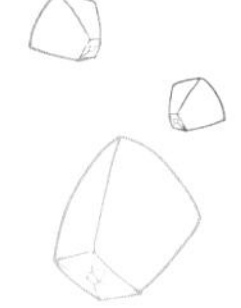

김진
불광등, 2차 108인, 불교여성연구소 소장

대자대비하신 부처님!

과거 다겁생의 인연으로
부모님으로부터 몸을 받아 이 세상에 왔습니다.
어린 시절은 따뜻한 부모님 사랑과 헌신으로
온전한 아이로 클 수 있었습니다.
사회에 나와서는 앞만 보고 뛰느라
자연의 아름다움도, 부모님의 고마움도
잊고 살았습니다.

젊은 시절엔 늘 미래만 보며 계절을 잊고 살았지만,
이제 나이 들어 돌아가신 부모님을
따라갈 때가 되었습니다.
이젠 봄이면 피어나는 꽃들이 마냥 환희롭습니다.

뜨거운 여름이 지나고 서늘한 가을이 오면
땅에 떨어진 낙엽이
마치 노쇠해진 이 몸 같아 더 애틋해집니다.
나이가 들수록 자연에 감사하고 배우며
살아온 모든 날이 기적이었음을 깨닫게 됩니다.

이 세상 사는 동안 제가 의도적으로 저지른
모든 악업을 참회합니다.
이 세상 사는 동안 제가 부족하여 저지른
모든 악업을 참회합니다.
이 세상 사는 동안 저도 모르게 저지른
모든 악업을 참회합니다.

이 세상에서 더없는 사랑을 베풀어 주신
존경하는 부모님과의 인연에 깊이 감사합니다.
부모님의 도움으로 어린 시절부터
부처님에 대한 믿음을 키울 수 있어
힘에 부칠 때마다 살아가는 힘을 내게 하신
지중한 불연에 감사합니다.
이 세상에 언제 어디서나

좋은 인연을 만날 수 있었음에 감사합니다.
명근이 끊어지는 순간까지
함께할 수 있는 자매와의 소중한 인연에 감사합니다.
사는 동안 맺었던 모든 유정, 무정
인연들께 감사합니다.

부족한 수행임에도 죽음에 직면할 때
두려움이 없기를 간절히 발원합니다.
이생에서의 모든 업장을 소멸하고
미련 없이 떠날 수 있기를 발원합니다.
명근이 끊어질 때 아미타 부처님의 광명 빛을
따라갈 수 있기를 발원합니다.
다음 생이 이어질 때 부처님 가르침을
다시 만날 수 있기를 발원합니다.
다음 생이 이어질 때 보살도를
이룰 수 있기를 발원합니다.

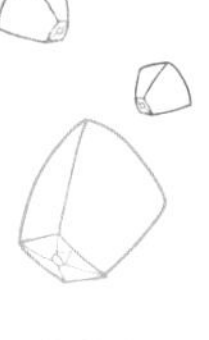

웃으면서 임종을 맞이한 언니, 다음생엔 도반으로 만나요

정진희

삼매향, 3차108인, 지혜아카데미 센터장

죽음을 기다리는 임종자 입가의 밝은 웃음이
20년이 지난 지금도 생생합니다.

돌아가시기 하루 전에
"이제 부처님 계신 곳으로 가야 하니 기도하자!"
라는 말을 흐리게 하시곤 아들과 동생을 양쪽에 앉히고
하얀 두 손을 가슴 위에 합장한 채
"반야심경을 외우신다."
어눌하던 발음은 흔적도 없이 또렷하고 또렷하게
글자 하나 틀리지 않고 염불을 마친 후
입가에 환한 미소를 띠었어요.

동생인 내가 물었습니다.
"언니, 왜 웃어?"

"연꽃이 온 마당에 가득하고
아미타 부처님이 오셨네…"라는 말씀을 끝으로
우리와는 영원히 대화를 할 수 없었지만,
그 미소는 입관실에서까지도 볼 수 있었습니다.

집에 돌아와 유품을 정리하던 중
새벽이면 작은 목탁으로 톡톡 목탁 소리 낮추어
아침 예불을 수십 년 하던 언니의 기도 자리에
발원문이 하나 놓여 있었습니다.

나의 삶에 길잡이가 되어 주신 큰 스승 부처님!

하나. 죽을 때는 웃으면서 가게 해주세요!
하나. 다음 생에는 부처님 법제자가 되어 스님의 길을 가겠습니다.

1. 태어나서 부처님 법 만난 것 가장 큰 선물입니다.
2. 부처님 말씀대로 살아오니 먹구름 없는 삶이 되었습니다.
3. 우리 가족만을 위해 기도하지 않겠습니다.
4. 주변 모든 인연들을 위해 기도하겠습니다.

5. 오늘 만나는 모든 인연들에게 웃음 아끼지 않고, 친절 아끼지 않겠습니다.
6. 서른여덟 살에 암을 만나 좋다는 치료 다 했어도 부처님께 올린 3,000배 백일기도 1차, 2차, 3차만큼 약 효과 좋은 것은 없었습니다.
7. 이제 60이 되어 부처님께 온전히 귀의하는 방법 득(得)했으니 언제라도 죽음과 마주하는 힘은 얻었습니다.

하나. 남아 있는 알고 모르는 모든 인연들
부처님 법 안으로 귀의하여
자비광명 속에서 살도록 인도하여 주시옵소서!
하나. 저는 이번 생을 하직할 때는
수의를 승복으로 입고 가려고 하옵니다.
부처님 제 뜻을 굽어살펴 주시어
밝은 등불 비춰 주소서.

입관할 때 회색 고깔모자에, 회색 버선에
행전(行纏)까지 하고 웃으면서 떠난 그대! 우리 언니!
속가 인연으로는 자매로 만났지만,

불법으로는 나의 불종자를 성장시킨
불 스승으로 오시어
저를 이렇게 부처님께 가까이
서게 하신 은혜!
잊지 않겠나이다.
다음 생에는 부처님 회상에서 도반으로 만나자던
그 말씀을 잊지 않겠나이다.
다음 생에는 부처님 생명 내 생명이라고 기도하던
그 모습을 본(本)으로 삼겠나이다.

나무아미타불 관세음보살_()_
나무아미타불 관세음보살_()_
나무아미타불 관세음보살_()_

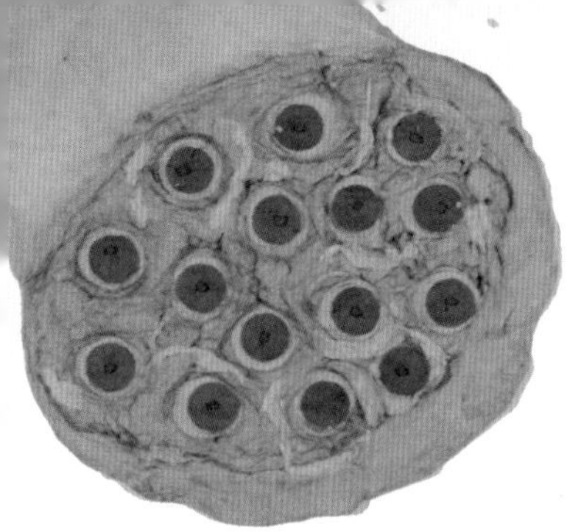

• 재례 발원문 •

부처님 온 누리에

진묵 대사가 어머니의 49재를 마치고 올린 제문(祭文)

열 달 동안 품어주신 은혜를 어찌 다 갚으리오.
슬하에 삼 년 동안 길러주신 은혜를 잊을 수 없나이다.
만세에 다시 만세를 더 사셔도
자식의 마음에는 부족하온데
백 년 생애에 백 년도 채우지 못하였으니
어머니의 생애는 어찌 그리 짧은지요.
표주박 하나로 길에서 걸식하는 이 중이야
더 말할 것도 없겠지만
아직 비녀 꽂고 혼인도 하지 못한 누이동생은
어찌 슬프지 않겠습니까.
상단의 불공 마치고 하단의 재도 마치니
스님들은 각자 방으로 돌아가네요.
앞뒤로 첩첩한 산중에 어머니 혼은
어디로 가셨는지요?
아! 슬프기만 합니다.

胎中十月之恩 何以報也
膝下三年之養 未能忘矣
萬歲上 更加萬歲 子之心 猶爲嫌焉
百年內 未萬百年 母之壽 何其短也
簞瓢路上 行乞一僧 旣云已矣
橫鈫閨中 未婚小妹 寧不哀哉
上壇了 下壇罷 僧尋各房
前山疊 後山重 魂歸何處
嗚呼哀哉.

우란분절 기도를 하며…

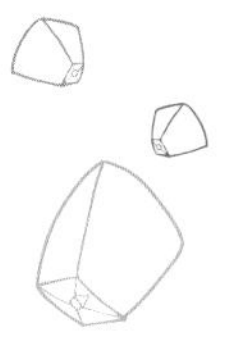

강영자
대명행, 6차 108인

만 중생을 행복으로 인도하시는 부처님!
오늘 우란분절 기도를 하면서
돌아가신 지 12년이 지난 친정어머니 영전에
고개 숙여 감사드리며, 용서를 구합니다.

우리에게 부처님의 가피로 손자가 태어나고,
가끔 돌보면서 느낍니다.
무한히 약동하는 생명의 행복을 느끼면서
이 할미에게 교훈을 줍니다.
일생을 키워내는 게 얼마나 힘든지를 알게 해 주시는 게
바로 갓 태어난 손자 녀석입니다.
어머니, 증손자 녀석 이름은 리건입니다.

이제야, 비로소, 우리 아이들 둘을 키워낸

어머니의 지난날 노고를 새삼 알게 되었습니다.
돌아가시기 전에는 왜 몰랐을까?
손자 둘을 키우면서 힘든 일도 있었겠지만,
힘든 내색 한번 없이 사셨는데
고맙다는 말, 고생한다는 말 한번
제대로 하지 못한 저 자신이 많이 부끄럽습니다.
70이 다 되어 얻은 손자 덕분에 뒤늦게 반성하며
고맙다는 말 한마디 하지 못한 지난날을
많이 후회합니다.

어머니가 우리 아이들을 바르고,
착하고, 건강하게 키워냈듯이
저 또한 손자 녀석을 잘 키워내겠습니다.

뒤늦게 깨달은 미련한 중생을 보시고
빙그레 웃으시면서 "그래, 다 그런 거다!"
하고 고개 끄덕일 어머니가 가까이 계신 듯
응원의 기도를 듣습니다.
어머니 감사합니다.
편안히 잠드소서!

어머님 49재 발원문

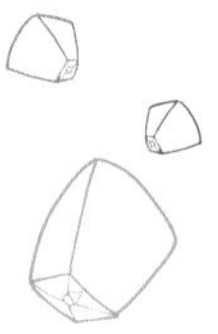

이란

수덕화, 2차 108인, 불교여성개발원 부원장

보덕화 보살님 영전에 올리옵니다.

사모(思母)의 마음 불기 2556년 6월 3일 소자녀 수덕화
등이 어머니 영전에 올리옵니다.
세월이 머물지 아니하여 어머님이 돌아가신 후
어느덧 49재를 맞이하니 우리 자손들은
마음을 다시 붙일 곳이 없습니다.
천지를 보나 만물을 보나 모두 무상을 느낄 뿐이옵니다.

어머님이시여!
자비 넘치신 그 의용(儀容)과 정곡(情曲)에 사무친
그 교훈을 이생에선 다시 뵐 수 없으니 안타깝습니다.
어머님은 우리 5남매를 낳으셔서
자력 없는 연약한 몸을 길러주셨습니다.

모든 고생을 잊으시고 모든 사랑을 다하셨으며
철없는 마음을 지도하실 온갖 방편을 가리지 않으시어
모든 정성을 다하시었습니다.

이제 와서는 우리 모두가 자력을 얻고
차차로 철을 알게 되어 인류 사회의 한 사람으로
성장하게 되었사오니, 오늘 우리의 생활은
모두 어머님께서 주신 선물입니다.
정성을 쌓으신 결정입니다. 날마다 뿌리고 심으신
어머님의 정성에 늘 기다려 주신다고 생각하고
마냥 의지하며 살았습니다.

우리는 효심이 부족하고 멀리 살아
예전의 보은(報恩)과 도리 및 시봉 절차를
제대로 이행하지 못해 어머님의 마음에
매양 만족과 위안을 드리지 못했습니다.
이제 거연(遽然)히 슬픔을 당하게 되어
모두가 유감이요, 한이 됩니다.

어머님이시여!

호천이 망극한 이 은혜를 언제 갚아야 할까요?
창해가 무진한 이 여한은 어느 때 풀 수 있으오리까?
어머님이시여! 우리들의 불초함을 널리 용서하십시오.

우리들의 미진한 착심도 모두 놓으시고
오로지 부처님의 대도에 근원하여
모든 혹업(惑業)을 초월하시어
인연을 따라 몸이 나투실 때에 반드시 수행 정진하시어
필경에는 불과(佛果)를 이루시옵소서.
자비의 법력을 베푸시어 널리 세상을 유익하게 하시고
범부 대중을 구원하는 성자가 되시옵기를
축원하옵나이다.

어머님이시여!
거듭 부탁드립니다. 어머님의 서원은
부처 되어 중생을 제도하는 데 세우시고
마음은 청정한 자성에 합일하시옵소서.

어머님 존영이시여!
하감(下鑑)하시옵소서.

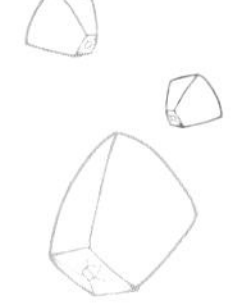

천도문(극락세계 발원문)

이란
수덕화, 2차 108인, 불교여성개발원 부원장

온 누리에 충만하시고 영원히 상주하시며
언제나 대자대비로 모든 중생을 제도하시는 부처님이시여,
이제 저희는 일체 만유의 근본이시고 생명 자체이신
부처님께 지극한 정성으로 발원하옵니다.

본래부터 맑고 밝은 저희 본성이
어리석은 무명에 가리어
대자대비하신 부처님의 광명을 등지고
탐욕과 분노로 오염된 인생 고해를
헤매며 살아왔습니다.

이제 천행으로 부처님의 가르침을 만나
사무친 환희심으로 부처님께 서원하옵나니,
부처님의 관음 대비로 거두어 주시옵소서.

저희는 오로지 부처님의 가르침에
청명한 마음과 올바른 행동과 말로써 살아가고자
충심으로 서원하오며 위없는 불도를 성취하여
모든 친지와 이웃을 구제하고자
진심으로 발원하옵니다.

부처님의 크신 위신력으로 저희의 신심이 강건하고
지각과 감각이 청정하여 가정과 사회가 평온하고
이 나라와 온 세계가 두루 태평하여
우리 모두 다 함께 생사윤회하는
인생 고해(苦海)에서 벗어날 수 있도록
부처님의 대자대비하신
가피를 내리시어 살펴 주옵소서.

그리고 간절한 저의 기원에 감응하시어
돌아가신 부모님과 조상님과 인연 있는 영가님과
이 도량에 있는 모든 영가와
온 법계의 일체 영가들이
부처님의 가호하시는 원력으로
어두운 저승길에 헤매지 않고

다 함께 극락세계 왕생하여 지이다.

그리하여 마침내 헤아릴 수 없이 많은
모든 법계의 많은 중생이 본래 청정한 자성을 밝히고
불도를 성취하여 장엄하고 찬란한 연화장세계에 노닐며
다 함께 극락세계에서
영생의 복락을 누리게 하여 주시옵소서.

저희가 지금 예배하고 발원하여 닦아 지닌 공덕을
온갖 중생에게 베풀어 주어
삼계 유정들도 모두 제도하여
다 같이 일체 종지를 이루어 지이다.

나무 극락세계 아미타불
나무 석가모니불
나무 관세음보살
나무 마하 반야 바라밀.

부모님 영전에
나 홀로 정성을 올리며…

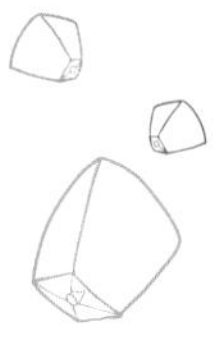

정진희

삼매향, 3차108인, 지혜아카데미 센터장

어린 시절 가을이 되면 제사 음식 준비하는
어머니의 분주한 모습을 자주 보면서 자랐습니다.
어머니는 동래(東萊) 정가(鄭家) 회동파 종갓집 며느리로
4대 봉제사를 받드시고 증조부님의 작은 할머니까지
아홉 분의 제삿날을 맞으셨습니다.
제사가 가을에 많이 모여 있었습니다.
어머니의 제사에 대한 정성 하나를 소개할까 합니다.

봄에 사랑방 손님이 막내인 저를 주신다고
건빵 한 봉지를 사 오시면 제사 쓰고 먹어야 한다고
가을에 있을 제사를 위해 어딘가
내가 찾을 수 없는 곳에 감춰 놓으셨습니다.
그때 나의 섭섭함은 이루 말할 수 없었지만
참아야 했습니다.

여름이 지나고 가을이 와서 제삿날 그 과자를 꺼내면
여름철 장마 때문이었는지 곰팡이에 거미줄이 끼고
과자가 많이 상해 있었습니다.
어머니는 붓으로 과자를 털고 손질하면서
조상님께 죄를 고합니다.
"아이고~ 이 불충한 것이 보관을 잘못하여
그만 제물을 못 쓰게 만들어서 죄송하고 죄송합니다."
어머니는 본래 솜씨가 있는 분이라 어떻게 손질을
하셨는지 겉보기에는 감쪽같이 깨끗해진 건빵을
제기 위에 올려놓곤 하셨습니다.

어머니는 제사에 대한 정성을 온몸으로 실천하시고는
그것이 가족과 자식을 위하는
유일한 정성이라고 생각하시는 것 같았습니다.
그래서인지 저도 지금 제사에 대한 마음은
어머니를 많이 닮아있습니다.
조심스럽게… 불평하지 말고… 정성을 다해야 한다는.

그런데 오늘날 제사 의식은 많이 달라지고 있습니다.
첫째, 꼭 자시(子時)를 넘겨야 지내던 제사가

초저녁에 모두 끝내 버리고
각자 집으로 돌아가기 바쁜 실정입니다.
그것도 몇 년 전부터는 주말에 산소 가서
절 한 번으로 끝내고 옵니다.
그것마저도 하지 않는 경우도 많아졌습니다.
초저녁에 무엇에 홀린 듯 바쁘게 지내고
가족들이 흩어지고 나서 12시 넘어 잠을 자려고 하면
왠지 죄송하여 혼자 조용히 부모님 영전 앞에 앉습니다.

촛불 하나 밝히고 향 하나 피우고 차 한잔 우려 놓고
꽃 한 송이 꽂고 다시 혼자 영전 앞에서
삼배를 올립니다.

평소 부모님께서 지내시던 제사 성의에 비하면
저희가 지내는 제사가 부끄럽습니다.
내일 아침 모두 출근해야 한다는 이유,
차가 막힌다는 이유, 아이들이 시험이라는 이유
등으로 서둘러 일 년에 한 번 만나는 선망 부모님과
조용히 대화도 하지 못하고 모두 흩어졌습니다.

지금 잘살고 있는 이 에너지도
부모님께서 물려주신 유산입니다.
바른 삶의 길을 일러 주셨고, 알뜰함, 검소함, 진실함, 인사성, 겸손함 모두 모두 부모님께서 가르쳐 주신 교육 덕분입니다. 게다가 어머니의 불심까지 물려받아 큰 스승 부처님을 만난 것은 행운 중 행운입니다.

부처님!
이 한 자루의 초가 자기 몸을 불태워
주위의 어둠을 밝히듯 저도 제 몸이 불에 타는 듯
힘들어도 주위를 밝히는 등불이 되게 하소서!

부처님!
이 한 자루의 향이 자기 몸을 태워
주변의 악취를 없애고 향기로움을 더하듯이
제 몸의 고달픔이 향이 불타는 듯
괴로워도 한 자루 향이 되게 하소서.

부처님!
녹차가 뜨거운 물에 몸을 담가

자신의 양분을 뽑아 남의 흐린 정신을, 피를 맑게 하듯
제 몸이 뜨거운 물에 담기는 고통이 있을 지라도
한 잔의 맑은 차가 되게 하소서!

부처님!
꿀벌에게 꿀을 다 내주고도 생색내지 않는 꽃처럼
제가 가진 모든 것을 남에게 다 줄 수 있는
넉넉한 마음을 갖는 사람이 되게 해주소서!

부모님 제삿날 조용히 혼자 의식, 의례 무시하고
진정한 담소로 기도 올립니다.
부모님은 영원히 저의 스승이셨고,
다음 생에 또 부모 자식 인연 되기를 기원합니다.

나무 석가모니불!
나무 석가모니불!
나무 시아본사 석가모니불!

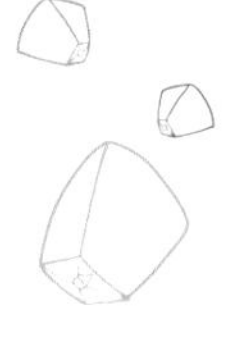

우란분절, 하얀 부모님 연등 앞에서…

정진희

삼매향, 3차108인, 지혜아카데미 센터장

인연 된 사찰의 법당에 하얀 연등이 즐비한 곳에서
부모님 연등 앞에 마주합니다.
아버지! 어머니!
바쁜 삶이라는 핑계로 일 년에 한 번 이렇게 마음 모아
열반하신 지 아버님 50년, 어머님 30년이 지난
영정 앞에서 참회의 회상을 합니다.

평소 알고 실천하셨는지?
타고나신 인성 그대로가 불성품(佛性品)이셨는지?
탐하지 않으시고, 진노하지 않으시고,
어리석지 않으시어 지혜로운 삶으로
저희를 가르치셨습니다. 그것이 부처님의 대 가르침인
탐진치(貪瞋癡)임을 저는 이제야 깨닫고 있습니다.

이제부터 크게는 부처님의 가르침으로
작게는 부모님의 보살행을
마침내 제가 실천해야 할 때인 것 같습니다.
더 많이 내어주고 더 많이 온화하며
더 많이 지혜로울 수 있도록 노력하겠습니다.

큰 덕 품으시고 무한한 자비 광명을 놓으시는 부처님!
저도 부처님 뜻 겸허히 받들어 황혼에~
지는 해의 노을처럼 아름다운 마무리를 준비하겠습니다.
어머니! 아버지!
절기 중 가운데인 백중날만이라도
어김없이 부모님 영전 앞에서 부지런히 수행하여
부처님 이야기 들려 드리겠습니다.
편안히 아미타 부처님 계신 극락세계에 나시옵소서!!!

나무 아미타불!
나무 아미타불!
나무 아미타불!

• 제사 의례 발원문 •

흰연꽃 피는 날

연잎은 둥글둥글 둥글기가 거울 같고,
마름의 뿔은 뾰족뾰족 뾰족하기가 송곳 같아라.
바람 부니 버들가지에 솜털 날리고,
빗방울 배꽃을 때리니 나비 날아오른다.

荷葉團團團似鏡 하엽단단단사경
菱角尖尖尖似錐 능각첨첨첨사추
風吹柳絮毛毬走 풍취류서모구주
雨打梨花蛺蝶飛 우타이화협접비

○ 『서장』 중에서(협산 선회)

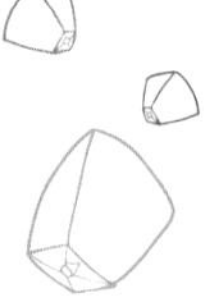

제사를 올릴 때의 발원문

김혜령
선연화, 9차 108인, 불교여성연구소 위원

다겁생의 인연으로 인하여
이생에서 한 가족으로 만나
늘 넘치는 사랑으로 우리들의 마음을 적셔 주시고,
우리 마음에 지울 수 없는
기쁨과 추억을 남겨 주시고,
또 다른 인연의 흐름에 따라 우리 곁을 떠나,
영원의 세계로 가신 아버님, 어머님.

많이 편찮으셔서 가정을 잘 돌보시지 못하셨지만,
항상 선한 모습으로
저희 형제들을 이끌어 주시던 아버님,
그리고 매일매일 정성 어린 기도로
가족들의 행운과 성공을 빌어주시던 어머님,
아직도 그런 아버님, 어머님의 모습이 눈에 선합니다.

부디 여기 남은 가족들과 못다 이룬 일들,
그리고 이 세상에 오셔서 못다 한 일들에 대한
끊임없는 집착과 번뇌, 업장은 모두 벗어버리시고,
부디 아미타 부처님의 넓으신 품 안에서
극락왕생하십시오.

그리고 여기 남아 있는 가족들의 마음이 약해지거나
신심이 흐려질 때, 그리고 어려움에 닥쳤을 때,
긍정의 힘으로 우리들의 능력을 발휘하여
모든 어려움을 이겨나갈 수 있도록
힘을 주십시오.

그래서 강하고 힘 있게 뜻하는 바를
모두 이룰 수 있게 해주시고,
부처님의 가피 아래에서 돈독한 신심으로,
바른 깨달음을 얻을 수 있는
음덕을 베풀어 주십시오.

어머님, 아버님,
부디 오늘 이후 여기 남아 있는 가족들이

늘 남을 도우며 살아갈 수 있고,
건강하고 화목하며,
밝고 따뜻한 은혜가 항상 넘쳐,
뜻하는 일 모두 원만 성취할 수 있도록 하여 주시옵고,
부처님의 대자 대비하신 광명 속에서
이 사회의 목탁이 될 수 있도록 하여 주시옵소서.

나무 아미타불
나무 아미타불
나무 아미타불.

참회의 발원문

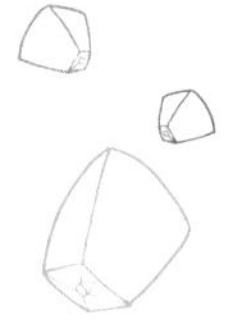

원유자

보광화, 4차 108인, 불교여성개발원 부원장

엄마와 트위스트를 추지 못한 것을 후회하네.
디스크 수술을 하셨으면
걸으실 수 있었을까 후회하네.
회랑을 도실 때 죽을 만큼 힘드시다
평생 엄살 안 하시는 그 말씀,
뻴로 듣고 무심했던 그 맘, 후회하네.

카라 없는 예쁜 꽃무늬 프린팅 티셔츠 입고
데이케어센터에서
붉은 빰 자랑질에 환한 미소
자주 드리지 못한 것을 후회하네.
잘 드시지도 못하는데
맛난 것 챙겨드리지 못한 조막손,
엄마를 챙기지 못한 그 버르장머리 후회하네.

무장애길
편백나무 푸르른 숲길
휠체어 밀어드리지 못한 것을 후회하네.

수미산 굽이굽이
부모님 모시고
49재 모시면서
생전에 전하지 못한
어리석음의 무명 바다를
이제 홀로 걸어갑니다.

재롱을
트위스트를
함께 출 수 있었는데

울면서
후회하네.

팔베개하고

도란도란 샘물처럼
솟아나는
유년의 숲은
부모님의 말 없는 사랑으로
헌신으로 무성했는데
만분의 일도 드리지 못해
울면서 후회하네.

시절 인연 만나지 못해
늘 손가락만 보고 달을 보지 못해
어머니를 보내고
후회 가득하네.

자비하신 부처님!
평생을 근면·정직하셔서
겨울이면 푸성귀 절이시고 털실 감아
자식과 없는 이들과
함께 나누고 마음 나누신 부모님
극락정토에 인도하여 주옵소서.

불연(佛緣)은 깊지 못하나
삶은 늘 선남자(善男子), 선여인(善女人)으로 사신 삶,
굽어 보살피소서.
연꽃 향기 앞세워 아미타 부처님께 인도하소서.

부처님의 따뜻한 손길로
극락왕생의 길로 인도하여 주시옵소서.
이 딸은 열심히 부처님 도를 닦아
고우신 부모님 다시 뵙기 발원합니다.
다시 어머님, 아버님 자식으로 태어나
못다 한 그 사랑 다시 전하고 싶습니다.

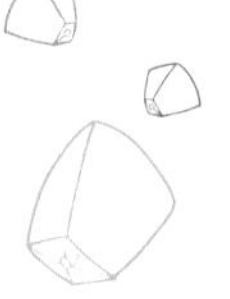

부모님 제삿날 올리는 발원문

정진희

삼매향, 3차108인, 지혜아카데미 센터장

존경하는 선망 부모님!
오늘이 부모님께서 이생을 하직하신 날입니다.
떠나신 세속 시간은 두 분 모두 다르지만,
가신 곳은 단 한 곳! 거룩하고 자비하신
우리들의 참 스승 부처님이 계시는 곳이지요~.

오늘 선망 부모님 제삿날을 맞이하여 부처님, 조상님,
저와 함께 한자리에서 부처님 이야기 나누어 보아요.
생전 어머니께서는 늘 하시는 말씀이

“불법(佛法)이 만법(萬法)이다! 만법이 불법이다!”

귀 아프게 들려주셨습니다.
진정 뜻을 알고 하신 말씀인지?

외할머니의 구전을 받아 외워 놓으신 것인지?
저는 그 말씀을 자주 듣고 자랐고 지금 불교 공부를
조금 한 것으로는 최상의 법문입니다.

거룩하고 자애로우신 참 스승
부처님께서는 병들어 아픈 자에게는 의사 되시고
배고픈 자에게는 곡식 되시고
삶이 고달프고 마음 아픈 자에게는
자애로운 스승 되시며,
죄짓고 괴로운 자에게는
참회를 가르친 큰 스승 부처님이십니다!

존경스러운 나의 선망 부모님이시여!
그곳에서 뵈었습니까? 우리의 큰 스승 부처님을…
일상에 바쁘다는 핑계로
선망 부모님께 마음 모으는 날이
매우 적었던 것을 참회합니다.
일 년 중 오늘 조상님 떠나신 날만이라도
진심으로 우리의 큰 스승 부처님을
꼭 만나 뵙기를 권하옵니다.

좋은 법문 들으시고,
다시 이 밝은 세상으로 돌아오소서!
부모님을 생각하면 아픈 마음이 한두 개가 아니지만
특별한 것이 있습니다.

저는 이 세상의 좋다는 것들 모두 누리면서
맛있는 음식에, 편안한 잠자리에, 해외여행에,
이렇게 차원 높은 문화권에 살고 있으면서
이런 세상을 경험하지 못하고 가신
부모님을 생각하면 가슴이 아리고 아리지만,
위안받는 곳이 있습니다. 환생입니다.

이 세상 어디선가 환생하시어
지금의 이 차원 높은 문화권의 혜택 속에서
잘 살고 계시리라는 것을 생각하면
조금은 마음이 편해집니다.
서로 얼굴은 모르지만,
부모님께서 주신 에너지는 제 몸에 흐르고 있습니다.
그 좋은 에너지로 잘살고 있으니,
저에 대한 걱정은 말아 주세요.

그래도 그날!
떠나시던 그 모습은 아직도 제 가슴에 살아 계시는
나의 아버지십니다.
나의 어머니십니다.

자애로우신 부처님!
자연에 물 흐르듯이 살아온 저의 부모님에게
자비의 손길을 주시어 세세생생 보살도를
실천하는 참다운 불자가 되게 하여 주시고,
또한 환생하신 그곳을 불국정토 만드는 데
큰 원력 내시는 불자가 되시길 간곡히 기도드립니다.

저는 이생에 와서 불법 만난 인연이
가장 감사한 일이고,
우리 부모님 만난 것 또한 감사하고 행복했습니다.

산신제 축문(祝文)

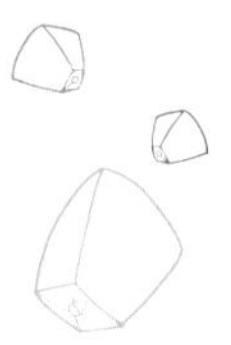

조명숙
정연, 8차 108인

오늘 2023년 4월 13일(음력 윤2월 23일)에
조상님들이 안락하게 계신 유택을 옮기고 정비하여
더욱 밝고 따뜻하고 청정한 유택을 만들기 위하여
산신님과 토지신과 조상님께 산소 이장함을 고합니다.
맑은 차와 과일과 향기로운 향을 올리오니
흠향하십시오.

큰할아버지 덕수 후인 이경* 영가,
큰할머니 장수 유인 황*연 영가

할아버지 덕수 후인 이직* 영가
할머니 죽산 유인 안*임 영가

어머니 파평 유인 윤*숙 영가님

뜬구름이 모였다가 흩어짐이 인연이듯
중생들의 생과 사도 인연 따라 나타나니
좋은 인연 간직하고 나쁜 인연 버리시면
청정하신 업식으로 이 다음에 태어날 때
좋은 인연 만날 것입니다.

조상님 감사합니다.
할아버지, 할머니, 어머니 감사합니다.
모두 모두 행복하십시오.

나무 아미타불 관세음보살

2023년 4월 13일
행효자 이*용 합장

※ 2023년 산소를 이장하여 평장으로 만들면서 시작하기 전 산신님께 고하는 발원입니다.

• 불교여성개발원 발원문 •

우리 모두 한 마음으로

번뇌를 벗어나는 것이 어찌 예사로운 일이겠는가.
고삐를 단단히 휘어잡고 한바탕 휘둘러보자.
한 번도 뼈에 사무치는 추위를 겪어보지 않고서
어찌 코끝의 매화 향기를 맡을 수 있으리오.

塵勞逈脫事非常 진로형탈사비상
緊把繩頭做一場 긴파승두주일장
不是一番寒徹骨 불시일번한철골
爭得梅花撲鼻香 쟁득매화박비향

○ 황벽희운 선사 게송

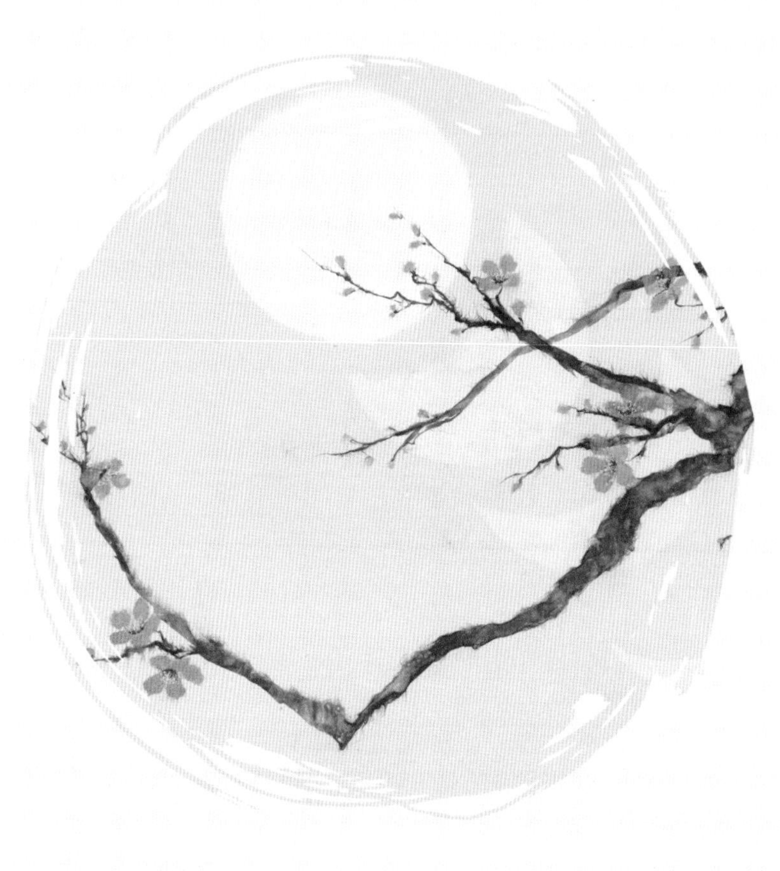

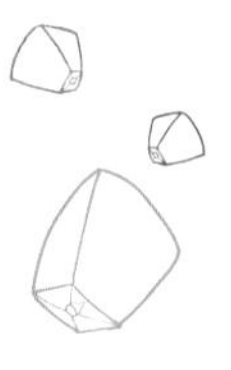

불교여성개발원 창립 20주년 기념 발원문

전영숙
무수자, 8차 108인

진리의 빛으로 온 우주에 두루하시는 부처님,
우러러 생각하옵건대
오늘 저희 불교여성개발원 회원 일동은
숙세의 깊은 인연으로 도반이 되어
함께 배우고 함께 나누며
창립 20주년을 맞았습니다.

이 모두가 부처님의 크신 가피와 은덕이라 생각하오며,
거듭 삼보 전에 예경하옵고,
지극한 감사와 환희의 마음을 바치나이다.
돌이켜보건대

이 땅에 부처님 진리의 등불이 전해진 이래
부처님의 가호와

이름 모를 수많은 선배 여성 불자의 은덕으로
오늘 저희들이 함께 모여
진리를 나눌 수 있다고 생각하니
그 고마움과 불가사의한 인연에
새삼 가슴이 사무치나이다.
우리 모두는 일심으로 발원하옵나니,

우리가 물욕에 혼을 빼앗기지 않고
항상 기도하고 스스로를 고요히 되돌아볼 수 있기를,
존재하는 모든 것들에게
자비와 연민의 마음을 낼 수 있기를,
그리하여 바람이 나뭇가지를 스치고 지나가듯이
베푼다는 생각 없이 만나는 사람마다
보살의 원과 행을 함께하기를 바라나이다.

부디 저희 불교여성개발원 앞날에
등불이 되어 주시고,
저희가 걷는 불퇴전의 보살의 길에
지혜와 자비를 주시옵소서.
합장하여 기원하옵나니

오늘 이 기념식에서 함께 발원하는 인연 공덕으로
여기 동참한 모든 대중과 일체중생이
위없는 보리심을 내고 성불의 길에 함께 올라지이다.

나무 석가모니불
나무 석가모니불
나무 시아본사 석가모니불.

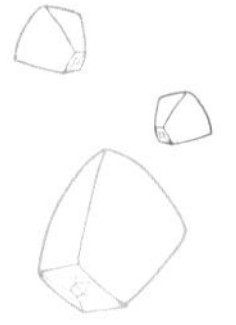

호법 공양 발원문

원유자
보광화, 4차 108인, 불교여성개발원 부원장

종로에 절을 시주할 화주를 모십니다.
『현우경』「빈자(貧者)의 일등(一燈)」의 점화를
간절히 발원합니다. 한 방울의 물이 모여 바다가 되듯이
불교여성개발원의 집을 짓는 불사(佛事)의 불모(佛母)를
기다립니다. 불교여성개발원이 바다를 꿈꾸게 하는
새집을 청운동에 마련했습니다.
인도에는 굴욕적인 여성의 결혼지참금과 명예살인의
비천한 삶이 아직도 남아 있습니다.
부처님께서는 왕좌를 뿌리치고 여성 천시가 고질적
병폐로 남아 있는 인도에서 카스트 제도를 혁파하여
만인이 부처임을 깨우쳐 주셨습니다. 부처님 생전에
깨달음의 사자후에 눈떠 여성 출가가 시작된 그것은
인류 역사상 처음 있는 부처님의 자비로운 혁명입니다.

한국불교는 어머니의 마음인 지도자
허황후의 가야로부터 신라시대의 선덕여왕을 통해
통일의 주춧돌이 되었습니다. 태조 왕건은 고려 건국을
통해 불교를 국교로 세계 교역의 KOREA의 국호가
되었습니다. 전 청와대 바로 옆 청운동 103번지 54평의
터전에 대한민국의 법인 '불교여성개발원과 지혜로운
여성'은 힘찬 법륜을 굴립니다.

조선 왕조의 건립의 주춧돌인 한양성 종로의 도읍지는
'무학대사'의 발원으로 조선의 역사가 시작된
복터입니다. 한류(韓流)의 시작에 불교가 있었습니다.

그러나 국시인 고려 불교를 짓밟아 입지를 넓혀만 했던
성리학자들의 갖은 핍박으로
조선의 불교는 도심에서 산중으로,
심지어 '치마불교'라는 호칭을 들을 정도로 전락했지만,
임진왜란과 병자호란을 통해 스님들과 불자들이
앞장서서 누란 위기에서 조선을 구하게 됩니다.
우리 불교여성개발원은 20년 전에는 기독교의 여성
지도자의 모임인 YWCA를 부러워하며 창립되었습니다.

삼보(三寶)를 숭상하며 지혜와 자비를 구현한
선배들의 공덕으로 지금의 청운동 보금자리를 마련하고
새 역사 창조의 새 걸음을 뛰려 합니다.

영화 '코러스' 주인공은
"고장 난 배를 고치는 것은 배를 고치는 기술이 아니라
바다를 꿈꾸게 하는 것이다."
라고 하였습니다. 용기가 필요했습니다.
용기가 지혜가 되고 자비의 등으로
인류 화합의 장으로 불교여성개발원은
부처님 나라의 바다를 꿈꾸게 되는 시발점입니다.

계약했습니다.
입안이 부르트고, 다리가 퉁퉁 붓도록 간장 팔고,
그림 팔고, 나물도 팔고 화장품, 이불, 마후라, 헌 옷,
새 옷, 뜨개질한 덧신, 차, 구운 과자, 고추장, 된장,
목걸이, 생선까지 팔았습니다.

불보살님!
우리 모두가 우리 절 불교여성개발원의

기둥이, 기와가, 강원이 되게 해 주십시오.
무학대사가 부처님의 가피로 조선의 기틀을 잡았듯이
청정한 국민통합 시대를 청운동에서 대한민국
중도(中道)의 새역사에 동참해 주시기를 부탁드립니다.
바야흐로 종로에 선(禪)의 시대가, 자비의 시대가
오고 있습니다. 부처님의 깨달음이 머리에서
가슴으로 배로, 보살도가 불교여성개발원의 영광으로
청운동에서 시작되는 첫길 열어주십시오.

긴급합니다.
간절합니다.
불교여성개발원 불사에 지극한 마음의 정성으로
자타를 향한 간절한 원으로 대대생생 자손의 복이
가득하여 부처님 전에 지혜의 등불, 자비의 연등을
밝히는 인연이 되었으면 합니다.
연말정산 100% 반영되며, 기부자는 회관에
사진과 이름 동판에 보시가 기록됩니다.

불교여성광장 건립 계좌
국민은행 023537-04-003040 예금주 (사)지혜로운여성

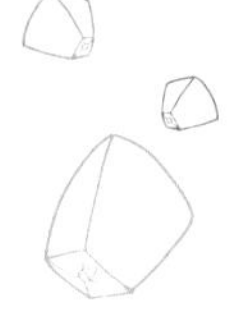

부처님을 향한 다짐의 발원문

- 내게 오신 부처님, 불교여성개발원의 살림을 맡으며 -

이기향

지광월, 1차 108인, 불교여성개발원 원장

모든 곳에 두루 계시는 부처님을 우러러
간절한 마음으로 귀의합니다.
형용할 수 없이 높고 큰 부처님의 은덕에
지극한 감사와 공경의 마음으로 삼배 올립니다.

저는 불가(佛家)에서 자란 딸이 며느리(둘째 아들의 배필)가
되기를 원하셨던 시어머님의 간절한 원(願) 덕분에
부처님을 만나게 되었습니다. 그때는 당신과의 인연이
얼마나 소중한 것인지 알지 못하였습니다.

자신감 넘치던 해외 유학 시절, 스스로 제 자신의
오만했던 실체를 여지없이 들여다보게 되었을 때
당신은 가뭄의 단비처럼 제 곁에 오셨습니다.
하지만 그 귀한 만남이 얼마나 보배로운 것인지

뼈저리게 깨닫지 못하였음을 참회합니다.

비로소 부처님을 맞이하고 당신의 가르침을
작품으로 만들어 가는 시간이 더없이 행복했던 시절이
있었습니다. 그 작품들로 포교 활동의 원을 세웠던
의욕적인 시간들도 있었습니다.

그러나 이제 와 돌이켜보니 많은 결과물들은
색과 문양의 화려함에만 취해
붓다의 참모습을 담아내는 데 서툴기 짝이 없었음에
통한의 눈물을 흘리나이다.

일터에서 가르치고 연구하는 일이
불보살의 가르침과 다르지 않음을 통찰하지 못한 채
분별심에 젖어 신구의(身口意) 삼업으로
자신과 주변에 고통을 자초했음을 깊이 참회합니다.

20여 년간 끊임없는 애정으로 동참을 권유해 온
개발원과의 인연을 진중하게 이어오지 못하고
이런저런 핑계를 대어 외면하는 어리석음을 범했나이다.

이제 참회하는 마음으로, 제게 맡겨진 소임을
겸손히 받자와 부처님 중생 구제의 은덕에 보답하고
회원 여러분을 붓다로 섬기겠다는
간절한 원을 다시 세웁니다.

저는 제게 주어진 소임이 버겁나이다.
하지만 개발원의 살림을 돌보고 살아있는 부처를
섬기는 것이 모두 '수행'이라는 마음가짐으로
쉼 없이 정진하고자 하옵니다.

숙세의 깊은 인연으로 맺어진 1080 도반들과 함께
배우고 상 냄 없이 가진 것을 나누겠습니다.
맡은 소임에 흔들리지 않고 정진할 수 있도록
지극정성을 다하겠나이다.

누구나 개발원을 자기 집처럼 편안하게 느낄 수 있도록
개발원의 안과 밖을 부처님 기운
가득한 공간(도량)으로 만들어 가는 데
작은 힘이나마 더할 수 있기를 발원합니다.

개발원을 살리는 거룩한 소임을 부여받아
수행할 수 있음이 부처님의 크신 은덕이라 여기니
불연에 새삼 가슴이 사무치나이다.
하루라도 빨리 제 공부가 무르익어
저를 만나는 모든 이들이
저를 보고 부처님 만나게 하소서.

나무 마하 반야 바라밀.

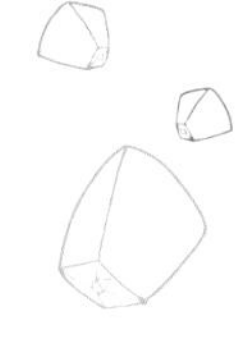

불교여성개발원 삼보에 귀의하며…

조정숙
혜덕, 불교여성개발원 사무국장

불교여성개발원
제게는 불교여성개발원이 삼보(三寶)입니다.

삼보에 귀의합니다.
시방세계 두루 상주하는 불보살님이 불보입니다.
불교여성개발원 창립 이념이 법보입니다.
불교여성개발원 회원 한 분 한 분이 승보입니다.

번뇌가 보리인 줄 알고
오탁악세가 수행의 원동력인 줄 알고
신구의 삼업이 청정의 밑거름인 줄 알아
여여한 이 자리를 놓지 않고 정진하는
불교여성개발원에 귀의합니다.

나와

가족과

도반과

나라와

우주를 청정케 하는

불교여성개발원 삼보에 귀의합니다.

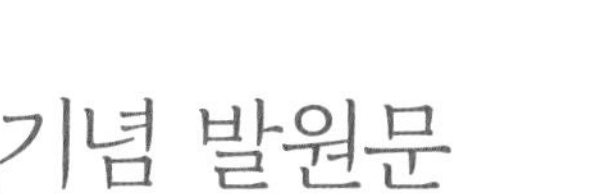

여성광장 개원기념 발원문

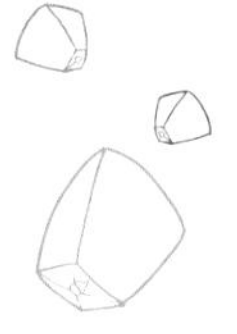

최혜경
대자운, 2차 108인, 불교여성개발원 건강밥상 센터장

위없는 진리로서 영원하시고
법성 광명으로 자재하옵신
대자대비 본사 세존이시여,
오늘 저희들 1,012명의 불제자들이 광장 건립
염원을 성취하여 찬란히 빛나는 등불 밝히고
환희용약하면서 이 자리에 모였습니다.

상구보리 하화중생의 가르침을 우리 함께
생활 속에서 실천하고자 불교여성개발원을 설립하고
재가여성불자들의 역사를 이어온 22년은
서로를 바라보며 보살의 길을 가는 자랑스런
부처님 제자 우바이들의 기쁨과 환희, 희망과 정진,
감사로 충만한 역동의 시간이었습니다.

바라옵건대,

불교여성개발원으로 인연되어 하나된 저희들은
불교여성개발원 광장 건립을 계기로
금강경에서 설하신 실천불교의 가르침을 받들어
이와 같이 알고, 이와 같이 보며, 이와 같이 믿고,
이해하고 따르며 거룩한 역사를 이어가는
호법보살로 거듭나겠습니다.

저희들의 서원이 찬란히 꽃피어 만나는 사람마다
착한 뜻 함께하며 고난과 장애는 스러지고
바라밀 무장애의 위덕이 빛나게 하여
불교여성개발원의 발전이 무궁하여
일체중생과 역사와 국토를 빛내고
마침내 부처님의 크신 은덕을 갚아지이다.

나무 석가모니불
나무 석가모니불
나무 시아본사 석가모니불.

2023년 2월 25일

불교여성개발원 연혁

2000. 11. 27. 불교여성개발원 창립

2001. 07. 16. 문화관광부 비영리민간단체 등록

2001. 11. 27. 《대장경에 나타난 여성불교》 출판

2003. 03. 24. 〈국내외 불교여성학 논저 목록집〉 발간

2003. 09. 17. 여성불자108인 선정 시작(격년제), 여성불자108인 수필집 《불교와 나의 삶》1집 출판(2019년까지 5권 출판)

2003. 11. 27. 여성불자108인회 1차 선정

2004. 03. 01. 〈우바이예찬〉 창간(계간)

2006. 01. 17. 부산지원 창립

2007. 01. 10. (사)지혜로운여성 설립(여성가족부 등록)

2008. 2009. 여성부 공동협력사업 수행 우수단체 표창 수상

2008. 11. 26. 여성불자108인회 설립

2009. 07. 13.~2015. 12. 승만보살10대원 수계법회 및 수행정진

2010. 02. 25. 교정교화센터 설립,
웰다잉운동본부 설립(생명존중운동본부로 개칭)
여성인재개발센터 설립(명상리더십센터로 개칭),
건강가족센터 설립
채식조리사파견센터 설립(건강밥상지킴센터로 개칭)
불교여성다문화봉사단 설립

2010. 03. 30. 불교여성다문화봉사단 서울특별시 비영리민간단체등록

2010. 06. 22. 웰다잉 문화제 '아름다운 삶의 향연' 공연(국립극장) 웰다잉 책 《아름다운 마침표》 출판(문화관광부 우수교양도서 선정)

2010 09. 15. 세계 평화를 위한 종교간 협력을 이끌어 내기 위한 '지구촌 평화를 위한 G20 세계 종교지도자회의' 주관

2011. 11. 25. 불교여성개발원, (사)지혜로운여성 공간 마련을 위한 문화제 개최 : 불교르네상스의 꿈(세종문화회관)

2012. 03. 15. 성남시 고등동복지회관 위탁운영 시작

2013. 12. 16. 강원지원 창립

2014. 06. 16.~11. 31. 여성가족부 공익사업. 1. '다문화 수용성에 대한 성찰과 개선 방안' 2. '소통과 협력을 통한 글로벌 역량 강화' 교육

2014. 09. 28. 가족지원센터 창립기념 특강 '가족에 대한 불교적 이해와 실천'

2014. 11. 08.~09. '2030세대를 위한 템플스테이'

2015. 10. 02. 가족지원센터 설립

2017. 03. 15. 생명존중운동본부 설립,
성평등불교연대 설립(공동대표 단체)

2017. 10. 12. 불교여성개발원, (사)지혜로운여성 공간 마련을 위한 문화제 개최 : 불교르네상스의 꿈 II(국립극장 해오름극장)

2018. 04. 16. 사전연명의료의향서 등록 기관 선정

2018. 04. 24. 방학가람어린이집 위탁 운영

2019. 01. 08. 여성불자108인의 날 제정

2019. 11. 15. 대한불교진흥원 대원상 특별상 수상

2020. 11. 02. 창립20주년 기념식 및 20주년 기념집 발간,

지혜장학생 20명 선발 지급

2021 11. 26. 불교여성연구소 창립 10주년 기념 학술대회-불교여성에게 근대성이란 무엇인가?

2022. 04 .10. 우크라이나 한국 유학생 25명 장학금 지급

2023. 02. 25. 청운동 불교여성광장 개원식

2024. 01. 08. 신년회 캉쎄르 린뽀체 초청 법회 '첫 번째 여성 붓다'

2024. 05. 08. 여성가족부 장관상 수상

그대 향한 길

– 세대가 함께하는 불자 생활 의례 발원문

초판 1쇄 인쇄 | 2024년 11월 15일
초판 1쇄 발행 | 2024년 11월 23일

엮은이 | 불교여성개발원

펴낸이 | 윤재승 펴낸곳 | 민족사

주간 | 사기순

기획편집팀 | 정영주 기획홍보 | 윤효진 영업관리 | 김세정

출판등록 | 1980년 5월 9일 제1-149호
주소 | 서울 종로구 삼봉로 81 두산위브파빌리온 1131호
전화 | 02)732-2403, 2404 팩스 | 02)739-7565
홈페이지 | www.minjoksa.org
페이스북 | www.facebook.com/minjoksa
이메일 | minjoksabook@naver.com

ⓒ 불교여성개발원, 2024

ISBN 979-11-6869-080-6 (03220)

※책값은 뒤표지에 있습니다. 잘못된 책은 바꿔 드립니다.
※저작권법에 의하여 보호를 받는 저작물이므로 무단으로 복사,
전재하거나 변형하여 사용할 수 없습니다.